植草学園ブックス
特別支援シリーズ9

特別なニーズ教育の基礎と方法

編著：植草学園大学・短期大学　特別なニーズ教育研究グループ

まえがき

　本書は，次のようなことを基本的な方針として企画されました。

①　障害等により様々な困難のある子どもの支援について平易かつ簡潔に記述すること。

②　国際的な視点を大切にすること。

③　わが国のこれまでの取組を大切にすること。

④　法律や学習指導要領との関係を理解しやすくすること。

　まず，①については，大学１学年の学生が理解し関心をもてるような，平易で簡潔な記述を心がけているということです。それは，できるだけ多くの学生が，障害等により様々な困難がある子どもへの支援について関心をもってほしいという願いからです。

　また，②については，障害等により様々な困難がある子どもへの支援は，世界共通の課題であるということを理解してほしいということです。そのため，世界で障害等により様々な困難がある子どもへの支援についての取組が進められていることについて記述しています。

　さらに，③については，わが国のこれまでの特殊教育及び特別支援教育の良さを生かしていくという視点から記述しているということです。これまでのわが国の特殊教育及び特別支援教育における実践の蓄積は世界に誇ることができるものであると思います。これからは，国際的な視点をもって，その取組の良さを最大限生かしながら，さらなる充実に向けて取り組んでいくことが大切であると思います。

　④については，障害等による様々な困難のある子どもへの支援に関係する法律や学習指導要領との対応関係が理解しやすくなるように心がけました。そのため，本書のいろいろな部分で関係する法律や学習指導要領が参照されています。各ページにおいて，法律や学習指導要領との関係が理解できるように繰り返し参照されています。

　本書が，障害等により特別な教育的ニーズのある子どもたちへの支援について学ぶ方々の学修に役立つことを心から願っています。

植草学園大学・短期大学　特別なニーズ教育研究グループ

もくじ

第1章

特別なニーズ教育の基礎

○特別なニーズ教育とは

　特別なニーズ教育は，子どもの特別な教育的ニーズに対して，適切な指導・支援を行うものであり，わが国だけでなく，世界的な動向に沿ったものです。例えば，英国では，Education Act という法律において，SEN（Special Educational Needs）という用語が使われており，「もし，ある子どもが特別な教育的対応がなされるべき学習困難を有する場合」に，SEN（Special Educational Needs）があるとしています（Education Act 1996）[1]。

○特別支援教育と子どもの「教育的ニーズ」

　文部科学省の「今後の特別支援教育の在り方について（最終報告）」（平成 15 年 3 月）において，次のように記載されています[2]。

> 　これまでの特殊教育は，障害の種類と程度に応じて盲・聾・養護学校や特殊学級において教育を行う等により，手厚くきめ細かい教育を行うことを基本的な考えとしていた。また，通常の学級に多く在籍すると考えられる LD，ADHD，高機能自閉症により学習や生活についての特別な支援を必要とする児童生徒に対する教育的対応については，従来の特殊教育は必ずしも十分に対応できていない状況にある。
> 　これらの障害のある児童生徒一人一人の教育的ニーズを把握し，適切な対応を図ることが特別支援教育における基本的視点として重要である。

　このように，わが国の特別支援教育における基本的な視点として，一人一人の教育的ニーズを把握して適切に対応することの重要性が示されています。

○「教育的ニーズ」という用語

　「ニーズ（needs）」とは，辞典によれば，「必要，欲求，需要」という意味が記載されています[3]。そのため，子どもの教育的ニーズとは，子どもの教育に関する「必要，欲求，需要」，ということになります。しかし，これは子ども自身の「必要，欲求，需要」ということだけでなく，保護者はどのようなことを求めているかも含めて，子どもの将来の姿を見据え，短期的な視点だけでなく，長期的な視点をもって，総合的に検討していく必要があります。

　特別なニーズ教育では，障害のある子どもたちだけではなく，その他の様々な困難を抱えた子どもたちも対象となります。どのような教育の場においても，一人一人の子どもの特別な教育的ニーズを丁寧に検討し，適切に対応していくことが必要となります。

1-2　特別なニーズ教育に関する国際的な動向

　ここでは，特別なニーズ教育に関わる国際的な動向として，とても重要な意味をもつトピックスについて確認しておきましょう。

○ユネスコの取組

　1994年，スペインのサラマンカで，「特別なニーズ教育に関する世界会議：アクセスと質」が開催されました。この会議では，「特別なニーズ教育における原則，政策，実践に関するサラマンカ声明と行動の枠組み」が採択され，世界のすべての子どもを学校に包含することを可能にするために学校教育制度の改革を目指すことが目標とされました[1]。

　このように，国際会議において，「特別なニーズ教育」という用語が，明確に使用されるようになってきているということができます。

○ ISCED の改訂

　ユネスコは，1997年に，「教育に関する分類の国際標準」（ISCED）を改訂しています。この改訂では，「特別なニーズ教育（special needs education）」について，次のように示しています[2]。

> 　特別なニーズ教育：特別な教育的ニーズ（special educational needs）に対応するためにデザインされた教育的な介入及び支援

　このように，ユネスコにおいて，「特別なニーズ教育」という用語が，国際的に使用される標準の用語として採用されています。

○ OECD の取組

　OECD（経済協力開発機構）は，「利用可能なリソース（資源）に基づく供給側のアプローチ」（supply side approach）を提唱しています[3]。

　OECDでは，「特別な教育的ニーズがある者は，その子どもの教育を支援するために提供される公的又は私的な追加的リソースによって定義される」という見解を示しています[3]。

　この「追加的リソース」というのは，一般的に子どもたちが利用できるようになっている様々な教育資源に追加して利用できるようにされるものであり，人的教育資源，物的教育資源，財政的教育資源があるとしています[3]。

1-3 特別な教育的ニーズと ICF（国際生活機能分類）

　子どもの特別な教育的ニーズを検討する上で重要となる「障害」のとらえ方について，国際的な動向において重要な変化が起こっています。ここでは，その動向について確認しておくこととします。

○ ICF とは

　ICF とは，WHO（世界保健機関）が，2001 年に発表した「国際生活機能分類（International Classification of Functioning, Disability and Health）」のことです[1]。

　ICF は，人間の健康に関わる状況を記述するために，国際標準として使用する用語と概念的な枠組みを提示したものということができます。

○ ICF の特色

　ICF の概念的枠組みにおいては，下記のように二つの部があり，それぞれは二つの構成要素から成っているとしています[1]。

第 1 部 生活機能と障害
　（a）心身機能（Body Functions）と身体構造（Body Structures）
　（b）活動（Activities）と参加（Participation）
第 2 部 背景因子
　（c）環境因子（Environmental Factors）
　（d）個人因子（Personal Factors）

　第 1 の部分に含まれているのは，人間の身体や精神の状態に関わる要素と，人間が行う様々な活動や社会への参加の状態に関わる要素となっています。

　第 2 の部分に含まれている「環境因子」は，人間の生活における様々な環境的な要因を指しています。例えば，障害のある人に役立つ支援機器が整備されている学習環境であるかどうか，障害のある人が生活しやすい道路や駅や家などの生活環境となっているかどうかによって，障害のある人の学習や生活の状況は影響を受けます。また，障害のある人を取り巻く周囲の人々の理解や支援制度の整備状況がどのようになっているかといったことなども環境的な要因に含まれます。

　このように，人間の健康を考える上で，人間を取り巻く環境の役割を重視している点が，ICF の大きな特色であるということができます。すなわち，障害のある人を取り巻く環境的な要因がどのような状態になっているかによって，人間の「生活の質（Quality of Life）」は大きく影響を受けるということです。

　子どもの特別な教育的ニーズを理解する際にも，子どもを取り巻く環境的な要因について十分に検討することは大切です。障害のある子どもの学習環境や生活環境が，その子どもが活動しやすいように配慮され，整備されることによって，子どもの学習上あるいは生活上の困難は大きく異なってきます。

　子どもの特別な教育的ニーズを捉える際には，子どもの学習環境や生活環境について配慮していくことが求められます。

○ ICF の構成要素間の相互作用

　ICF では，上記の概念的枠組みにおける各構成要素間の相互作用について，図1のように図式化しています[1]。

　この図においては，概念的枠組みにおける各構成要素間で双方向的に影響を与え合うことによって，状況が変わってくることが表現されています。

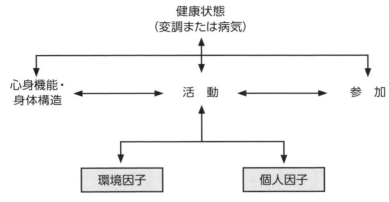

図1　各構成要素間の相互作用

　この図に示されているように，構成要素間の相互作用によって状況は動的に変化しうるものであるという捉え方は重要です。すなわち，ある人の健康の状態は，様々な要因の相互作用の上で成り立っているのであり，固定的なものとしてみない方が適切であるということです。「障害」についても，そのような視点が必要になってくると考えられます。

　特別な教育的ニーズのある子どもの学習上・生活上の困難の状況について，固定的に捉えるのではなく，様々な要因の相互作用によって変わってくる可能性があるという動的な捉え方をすることは大切です。

1-4 特別なニーズ教育とインクルーシブ教育システム

○障害者の権利に関する条約

　国連の「障害者の権利に関する条約」は，2006年12月（平成18年）の国連総会において採択され，2014年1月（平成26年）に日本国批准（ひじゅん）が行われています。「障害者の権利に関する条約」の教育関係の部分（第24条）では，次のように示されています[1]。

1　締約国は，教育についての障害者の権利を認める。締約国は，この権利を差別なしに，かつ，機会の均等を基礎として実現するため，障害者を包容するあらゆる段階の教育制度（inclusive education system at all levels）及び生涯学習を確保する。当該教育制度及び生涯学習は，次のことを目的とする。
(a) 人間の潜在能力並びに尊厳及び自己の価値についての意識を十分に発達させ，並びに人権，基本的自由及び人間の多様性の尊重を強化すること。
(b) 障害者が，その人格，才能及び創造力並びに精神的及び身体的な能力をその可能な最大限度まで発達させること。
(c) 障害者が自由な社会に効果的に参加することを可能とすること。

　この条約には，「インクルーシブ教育システム」という今日の重要なキーワードが盛り込まれています。また，この記述に続いて，第2項には，締約国は次のことを行うことが示されています[1]。

(a) 障害者が障害に基づいて一般的な教育制度（general education system）から排除されないこと及び障害のある児童が障害に基づいて無償のかつ義務的な初等教育から又は中等教育から排除されないこと。
(b) 障害者が，他の者との平等を基礎として，自己の生活する地域社会において，障害者を包容し，質が高く，かつ，無償の初等教育を享受することができること及び中等教育を享受することができること。
(c) 個人に必要とされる合理的配慮（reasonable accommodation）が提供されること。
(d) 障害者が，その効果的な教育を容易にするために必要な支援を一般的な教育制度の下で受けること。
(e) 学問的及び社会的な発達を最大にする環境において，完全な包容という目標に合致する効果的で個別化された支援措置がとられること。

　ここでも，「合理的配慮」という重要な文言が含まれています。すなわち，この国連の条約によって，わが国においても，「インクルーシブ教育システム」の構築や「合理的配慮」の提供等が重要な課題になってきているということができます。

○共生社会の形成に向けたインクルーシブ教育システム構築のための特別支援教育の推進（報告）（平成 24 年 7 月）

　文部科学省は，この報告において，わが国におけるインクルーシブ教育システムを構築するための方向性を示しています。この報告では，わが国のインクルーシブ教育システムを構築していくに当たって重要となるキーワードについて，次のように示しています[2]。

> 共生社会：これまで必ずしも十分に社会参加できるような環境になかった障害者等が，積極的に参加・貢献していくことができる社会
> インクルーシブ教育システム：障害のある者と障害のない者が共に学ぶ仕組み
> 合理的配慮：障害のある子どもが，他の子どもと平等に「教育を受ける権利」を享有・行使することを確保するために，学校の設置者及び学校が必要かつ適当な変更・調整を行うこと

　そして，わが国において，これからのインクルーシブ教育システムの構築を進める上で，次のような認識が重要であるとしています[2]。

> 　同じ場で共に学ぶことを追求するとともに，個別の教育的ニーズのある幼児児童生徒に対して，自立と社会参加を見据えて，その時点で教育的ニーズに最も的確に応える指導を提供できる，多様で柔軟な仕組みを整備することが重要である。

　すなわち，様々な年齢段階及び発達段階の子どもたちの多様な特別な教育的ニーズに対して，柔軟に対応することのできるシステムをつくっていくことの重要性が示されています。

　また，「合理的配慮」の決定のプロセスについては，次のように示しています[2]。

> ・一人一人の障害の状態や教育的ニーズ等に応じて決定されるものであり，その検討の前提として，各学校の設置者及び学校は，興味・関心，学習上又は生活上の困難，健康状態等の当該幼児児童生徒の状態把握を行う
> ・これを踏まえて，設置者及び学校と本人及び保護者により，個別の教育支援計画を作成する中で，発達の段階を考慮しつつ，「合理的配慮」の観点を踏まえ，「合理的配慮」について可能な限り合意形成を図った上で決定し，提供されることが望ましく，その内容を個別の教育支援計画に明記することが望ましい
> ・個別の指導計画にも活用されることが望ましい

　ここに示されているように，まず一人一人の子どもの状態を把握することが非常に重要であり，「合理的配慮」を決定するプロセスにおいては，「合意形成」の重要性を認識する必要があります。

　障害のある子どもに関係するわが国の重要な法律には，以下のようなものがあります。

○障害者基本法
　障害者の自立及び社会参加の支援等のための施策の基本となる事項を定めている法律です。この法律では，「障害者」及び「社会的障壁」の定義について，次のように示しています[1]。

> 第二条　この法律において，次の各号に掲げる用語の意義は，それぞれ当該各号に定めるところによる。
> 一　障害者　身体障害，知的障害，精神障害（発達障害を含む。）その他の心身の機能の障害（以下「障害」と総称する。）がある者であつて，障害及び社会的障壁により継続的に日常生活又は社会生活に相当な制限を受ける状態にあるものをいう。
> 二　社会的障壁　障害がある者にとつて日常生活又は社会生活を営む上で障壁となるような社会における事物，制度，慣行，観念その他一切のものをいう。

　このように，この法律における「障害者」とは，身体障害，知的障害，精神障害（発達障害を含む），その他の心身の機能の障害がある者としています。
　また，「差別の禁止」について，次のように示しています[1]。

> 第四条　何人も，障害者に対して，障害を理由として，差別することその他の権利利益を侵害する行為をしてはならない。
> 2　社会的障壁の除去は，それを必要としている障害者が現に存し，かつ，その実施に伴う負担が過重でないときは，それを怠ることによつて前項の規定に違反することとならないよう，その実施について必要かつ合理的な配慮がされなければならない。
> 3　国は，第一項の規定に違反する行為の防止に関する啓発及び知識の普及を図るため，当該行為の防止を図るために必要となる情報の収集，整理及び提供を行うものとする。

　ここでは，「社会的障壁の除去」のために「必要かつ合理的な配慮」の実施を求めています。

○障害を理由とする差別の解消の推進に関する法律（障害者差別解消法）

この法律では，主に次のことを定めています[2]。

①国の行政機関や地方公共団体等及び民間事業者による「障害を理由とする差別」を禁止すること。

②差別を解消するための取組について政府全体の方針を示す「基本方針」を作成すること。

③行政機関等ごと，分野ごとに障害を理由とする差別の具体的内容等を示す「対応要領」・「対応指針」を作成すること。

○身体障害者福祉法

身体障害者福祉法は，「身体障害者の自立と社会経済活動への参加を促進するため，身体障害者を援助し，及び必要に応じて保護し，もつて身体障害者の福祉の増進を図ること」を目的としています。

身体障害者福祉法別表で，次の障害について規定しています[3]。

- ・視覚障害
- ・聴覚又は平衡機能の障害
- ・音声機能，言語機能又はそしゃく機能の障害
- ・肢体不自由
- ・心臓，じん臓又は呼吸器の機能の障害その他政令で定める障害

上記のように，この法律では「身体障害者」に含まれる障害等について明示しています。

○知的障害者福祉法

知的障害者福祉法は，知的障害者の自立と社会経済活動への参加を促進するため，知的障害者を援助するとともに必要な保護を行い，もって知的障害者の福祉を図ることを目的としています[4]。

○精神保健及び精神障害者福祉に関する法律（精神保健福祉法）

この法律は，精神障害者の医療及び保護を行い，その社会復帰の促進及びその自立と社会経済活動への参加の促進のために必要な援助を行い，並びにその発生の予防その他国民の精神的健康の保持及び増進に努めることによって，精神障害者の福祉の増進及び国民の精神保健の向上を図ることを目的としています（第1条）[5]。

この法律の対象となる疾患については，次のように示しています[5]。

第五条 この法律で「精神障害者」とは，統合失調症，精神作用物質による急性中毒又はその依存症，知的障害，精神病質その他の精神疾患を有する者をいう。

　障害のある子どもの特別な教育的ニーズについて検討する際には，これらの重要な法律をしっかり踏まえる必要があります。

第2章

どのような特別な
教育的ニーズがあるのか

2-1 視覚障害のある子どもの特別な教育的ニーズ

○「視覚障害」とは

文部科学省は，「視覚障害」について，次のように説明しています[1]。

> 視機能の永続的な低下により，学習や生活に支障がある状態

眼球，視神経，大脳視覚中枢等の視機能にとって重要な器官のいずれかに機能不全が生じることにより，全く見えなかったり十分に見えなかったりする状態が生じる場合があります。また，学校教育法施行令では，特別支援学校の対象となる視覚障害の程度について，次のように示しています[2]。

> 両眼の視力がおおむね 0.3 未満のもの又は視力以外の視機能障害が高度のもののうち，拡大鏡等の使用によつても通常の文字，図形等の視覚による認識が不可能又は著しく困難な程度のもの

○視覚障害のある子どもの特別な教育的ニーズ

視覚障害のある子どもの特別な教育的ニーズの例として，次のようなものがあります[1]。

①**概念形成の支援に関するニーズ**：視覚障害のある子どもが，様々な事物や事象について，できるだけ正確な概念を形成できるように，子どもの概念理解の状況を十分に確認しながら学習を進めることが大切です。また，ことばだけでなく，実際の体験を通して学習できるように，体験的な学習活動ができるように工夫することも重要です。

②**触覚教材や音声教材の活用に関するニーズ**：視覚障害のある子どもの指導・支援において，触れることによって学習するための触覚教材や音声や聴覚的情報によって学習するための音声教材の活用が重要となります。触覚教材には，実物教材，模型，半立体的教材，触図教材等があります。音声教材には，例えば，様々な学習内容を音声で解説したものや文学作品を朗読したものや、音楽教材などがあります。

③**安全な移動方法や運動・動作の習得に関するニーズ**：視覚障害のある子どもの指導・支援では，自分の生活環境において，安全に目的地へ移動する能力を育てることは，自立生活のための力を育てる上で重要となります。例えば，白杖を使用して点字ブロックなどの路面の状況を把握しながら環境音等の情報を利用して安全に目的地まで移動する技術の学習が必要となる場合があります。また，視覚障害のある子どもは，他者の動作を観察して模倣することが困難であるため，様々な運動・動作について丁寧に教えていく必要があります。

④**点字等の読み書きの手段に関するニーズ**：視覚障害のある子どもが，視覚障害の状

態等から，点字を日常的に使用していくことが適切と判断される場合には，点字を活用できるようになるための長期にわたる継続的な学習指導が必要となります。弱視の子どもの場合には，普通文字によって学習を進めることが適切と判断されることが多いが，文字を拡大した教材を活用したり，拡大読書器の活用を検討したりする必要があります。

⑤ ICT 活用に関するニーズ：近年，視覚障害のある子どもの学習に役立つ様々な ICT 機器が開発されてきています。例えば，スクリーンリーダーというソフトを利用してパソコン等で文字データを音声化して理解することが可能となります。また，パソコン等の情報機器と点字プリンターを利用することにより，効率的に点字文書を作成することが可能となります。子どもの視覚障害の状態に応じて，これらの ICT 機器を活用していくことが大切です。

○視覚障害のある子どもの各教科の指導

　学習指導要領では，視覚障害のある子どもの各教科の指導について，次のような配慮事項を示しています[3]。

　1）的確な概念形成と言葉の活用（第2章第1節第1款の1の（1））
　2）点字等の読み書きの指導（第2章第1節第1款の1の（2））
　3）指導内容の精選等（第2章第1節第1款の1の（3））
　4）コンピュータ等の情報機器や教材等の活用（第2章第1節第1款の1の（4））
　5）見通しをもった学習活動の展開（（第2章第1節第1款の1の（5））

　これらの配慮事項を十分に考慮して，視覚障害のある子どもの各教科の指導・支援を効果的に行えるように工夫する必要があります。

○視覚障害のある子どもの自立活動の指導

　視覚障害のある子どもの自立活動の指導においては，一人一人の障害の状態に応じて指導・支援が行われますが，例えば，「4 環境の把握」の「(1) 保有する感覚の活用に関すること」「(3) 感覚の補助及び代行手段の活用に関すること」「(4) 感覚を総合的に活用した周囲の状況についての把握と状況に応じた行動に関すること」「(5) 認知や行動の手掛かりとなる概念の形成に関すること」（小学部・中学部学習指導要領第7章の第2の4）や，「5 身体の動き」の「(4) 身体の移動能力に関すること」（小学部・中学部学習指導要領第7章の第2の5），「6 コミュニケーション」の「(3) 言語の形成と活用に関すること」「(4) コミュニケーション手段の選択と活用に関すること」（小学部・中学部学習指導要領第7章の第2の6）に関わる指導・支援が特に重要であり，子どもの実態を十分に把握して，適切な指導・支援について検討する必要があります[4]。

2-2 聴覚障害のある子どもの特別な教育的ニーズ

○「聴覚障害」とは

文部科学省は，「聴覚障害」について，次のように説明しています[1]。

> 聴覚障害とは，身の周りの音や話し言葉が聞こえにくかったり，ほとんど聞こえなかったりする状態をいう。

聴覚障害は，難聴とも呼ばれます。音を振動で伝える部分（外耳・中耳）に原因がある場合を伝音性難聴といいます。内耳から聴覚神経，聴覚中枢に至る部分に原因がある場合を感音性難聴といいます。どちらにも原因がある場合を混合性難聴といいます。感音性難聴は，音が小さくなるだけではなく、音が歪んで聞こえます。何種類かの音の高さ（Hz）ごとに、どの程度の大きさ（dB）まで聞こえるかグラフ化したオージオグラムで聞こえの状態を表します。

教育の場としては，特別支援学校，特別支援学級，「通級による指導」があり，その対象の目安は，次のように示されています[1]。

> 聴覚障害のための特別支援学校では，両耳の聴力レベルがおおむね60デシベル以上のもののうち，補聴器等の使用によっても通常の話声を解することが不可能又は著しく困難な程度のもの，難聴特別支援学級では，補聴器等の使用によっても通常の話声を解することが困難な程度のもの，通級による指導では，さらに，通常の学級での学習におおむね参加でき，一部特別な指導を必要とするものとされている。

○聴覚障害のある児童生徒の特別な教育的ニーズ

聞こえに障害のある場合，言語発達など様々な領域に影響が及ぶ可能性があります。そのため，できる限り早期から，表1のような教育が行われています。

表1　聴覚障害のある児童生徒の教育的ニーズ

聴覚活用	補聴器を使って，最大限，聴覚的な情報に気づき，使おうとする態度を育てる。
情報保障	聴覚から得る情報の不足を補う方法を学び，その方法を用いて積極的に情報を得たり確かめたりできるようにする。
言語指導	発音の指導，語彙を増やす指導，言葉の意味や使い方の指導，慣用句や比喩など間接的な表現の指導などを行う。
コミュニケーション手段	自分に合ったコミュニケーション手段を使えるようにする。 （手話，キュードスピーチ，指文字等）
障害理解と補聴器等の管理	自分の聞こえの状態やその変化を把握し，補聴器などの支援機器を適切に管理できるようにする。

○聴覚障害のある児童生徒が学校生活で「困ること」とその配慮の例

・話者の口元が見えない状態では情報を得にくい。

　　教師が黒板に書きながら，または教卓上の資料を読みながら話したりする，学級の話し合いで自分より前の座席の児童生徒が教師の方を向いて発表をする，マスクをした状態で話すなど，聞き手に口元が見えない状態で話すと，内容を理解する手がかりが少なくなります。口元が見えることを意識して話すことを前提に，座席配置の配慮の他，FMマイクの利用，キーワードの視覚化などの工夫が求められます。

・口元が見えても，「たまご」「たばこ」のように，口形で区別しにくい言葉がある。

　　文脈から推測しやすいように，前後の説明を具体的にしたり，動作や文字等と併用したりする配慮が求められます。

・複数の人数での会話に，ついていきにくい。

　　一対一の会話は相手の口元や表情を見ながら話を聞けても，複数の会話になると，その都度，話し手が変わり，話者や内容を追いにくくなります。また，自分の方に向けられた笑顔も，話の内容がわからないと，笑われているのではないかと不安になったりすることもあります。周囲が意識するとともに，必要に応じて情報を仲介したり，視覚化して補ったりする配慮が求められます。本人から確認しやすい雰囲気を作ることも重要です。

・騒がしい時（場所）では内容が聞き取りにくかったり，大きな音が苦痛だったりする。

　　教室には様々な声や音があります。授業中の発表で，最後まで終わらないうちに，別の児童生徒が思いついたことなどを声に出すと，音が重なり，必要な内容を拾いにくくなります。また，大きな音が不快に感じることもあります。聞き取りやすい環境を整えます。「先生や友だちの話は，最後まで静かに聞く」などのルールは，学級経営の上でも大切です。

・映像教材から音声を拾いにくい。

　　映像教材では，話者が必ずしも正面を向いて話してはおらず，ナレーションや周囲の様々な音，ＢＧＭも入っており，話声が拾いにくい状態です。必要な聴覚的情報に字幕をつけるか，内容をテキスト化したものを用意するなどの工夫が求められます。

・補聴器をつけられない時がある。

　　プール等，補聴器をはずさなくてはならない時があり，音声による指示などがわかりにくくなります。ペアを活用し，必要な情報が必ず届くようにするとともに，視覚的な合図も併用することが必要です。

・災害時の情報が得にくい。

　　緊急放送，臨時の放送などから正確な情報が得にくくなります。教師や友だちから個別に情報を伝えたり，メール等を活用したりして，必要な情報が視覚的に提供できるようにします。これらを，災害時等のマニュアルに盛り込んでおくとよいでしょう。

○「言語障害」とは

　幼児期の発達相談では言葉の遅れが主訴となることが多くあります。背景には，聴覚障害や知的障害など他の障害の存在や環境の問題など多岐にわたることが考えられます。「言語障害」という用語は，幅広い概念であり，様々な定義がなされます。学校教育においては，言語障害がその他の障害に起因する場合は，その主たる障害種別のための教育の場で言語面の指導が行われています。それ以外の言語障害のある児童生徒の教育の場が，言語障害のための特別支援学級及び「通級による指導」とされています。

　そこで，文部科学省では，「言語障害」について次のように説明しています[1]。

> 　言語障害とは，発音が不明瞭であったり，話し言葉のリズムがスムーズでなかったりするため，話し言葉によるコミュニケーションが円滑に進まない状況であること，また，そのため本人が引け目を感じるなど社会生活上不都合な状態であることをいう。

　また，その対象は，次のように規定され，その程度が著しいものが特別支援学級，通常の学級での学習におおむね参加でき，一部特別な指導を必要とする程度のものが「通級による指導」の対象とされています[2]。

> 　口蓋裂，構音器官のまひ等器質的又は機能的な構音障害のある者，吃音等話し言葉におけるリズムの障害のある者，話す，聞く等言語機能の基礎的事項に発達の遅れがある者，その他これに準じる者（これらの障害が主として他の障害に起因するものでない者に限る。）

○構音障害

　構音障害とはある規則性をもって，特定の発音が作れず，他の音に聞こえる状態です。具体的には表1の通り，主に置き換え，省略，歪みなどに分類されます。

表1　構音障害の種類

種　類	特　徴
置　換	「こま koma」→「とま toma」など特定の行の子音が，別の行の子音に置き換わる誤り方。
省　略	「はっぱ happa」→「あっぱ appa」のように，特定の子音が脱落してしまう誤り方。
歪 ひず み	構音時に，本来とは異なる出し方で音を作ることにより生じる，母語にはない独特の響き。

　口蓋裂などのように発語に関する器官に原因があるものを器質的構音障害，神経系などの問題が原因と考えられるものを運動性構音障害，その他を機能性構音障害と呼んでいます。

　構音指導では，発語器官の機能を高めたり，構音の方法を学んだり，正しい音と誤った音を自身が弁別できるようにしたりしながら，スモールステップで単音節から徐々に日常会話に般化できるように進めていきます。

○吃音

　吃音とは，話そうとする際に語音がスムーズに出にくい状態です。具体的には，語または語の一部を繰り返す連発（「あ，あ，あ，ありがとう」等），語の一部の音を伸ばす伸発（「あーりがとう」等），語頭音や語中の音で声が出てこない難発（「・・・ありがとう」等）の中核的な言語面の状況があります。そして，言葉を出そうとする際に随伴症状と呼ばれる不随意な身体の運動（顔をしかめる，身体を反らす，急に息を吸い込む等）を伴うことがあります。また，どもるのではないかという不安（予期不安），話さない選択をすること（回避）など内面的な問題が生じることもあります。

　吃音の原因は，体質的な素因（7割程度）とその他の要因が複合して起こると考えられています。育て方に原因があるのではありません。楽に話せること，コミュニケーション意欲を育てることの他，吃音に対して否定的な意識が育たないよう，吃音やコミュニケーションについて学び，信頼できる相手と共に考えたりすることが重要視されてきています。

○「話す」「聞く」等言語機能の基礎的事項の発達の遅れ

　子どもが話したり，聞いたりできるには，様々な力が関係しています。「話す」ことに注目しがちですが，相手の話や状況が理解できていることも前提になります。また，言葉を知っているだけではなく，状況に合わせて使えることも大切です。基本的には，子どもに対してわかりやすい伝え方を心がけるとともに，子どもの表現しようとしていることを汲み取り，内容に対して反応を返すことを心がけます。また，子どもの思考に添って言語化して返すことで，言葉に対する関心が高まっていきます。

○言語障害のある児童生徒の特別な教育的ニーズと対応

　言語障害の問題では言語面の特徴だけではなく，聞き手の聞き方によって，コミュニケーションのしやすさが変わり，対人関係や社会生活にも影響が及ぶことがあります。そのため，言語面の状況に関するニーズだけでなく，コミュニケーション上の困難さに関するニーズが大きいと言えます。正しい構音の仕方，楽な話し方，語彙や統語（文法）など言語面や表現のスキルとともに，コミュニケーション意欲が高まるこ

とも大切な目標になります。コミュニケーション意欲が高まることで，相手の表現に注目し取り入れることも期待されます。

　また，周囲がからかったり，不必要に言い直しを求めたりしないようにします。話していない時でも，コミュニケーションに対する不安を抱いている場合があります。コミュニケーションに対する不安感を持たず，安心して，自分の話し方，表現の仕方で思いや考えを表現できるようにすることも大切です。

2-4　知的障害のある子どもの特別な教育的ニーズ

○知的障害とは

特別支援学校で学ぶ子どもたちの障害の種類や状態を示した学校教育法施行令第22条の3[1]には，「知的障害者」について，次のように書かれています。

一　知的発達の遅滞があり，他人との意思疎通が困難で日常生活を営むのに頻繁に援助を必要とする程度のもの

二　知的発達の遅滞の程度が前号に掲げる程度に達しないもののうち，社会生活への適応が著しく困難なもの

この記述をよく読んでみますと，知的障害という障害を理解する上で，2つのポイントがあることが読み取れます。みなさんは読み取ることができましたでしょうか？

その2つのポイントとは，1つは「知的能力の障害」（知的発達の遅滞），もう1つは，「社会適応能力の障害」（社会生活への適応）です。

知的能力の障害は，言葉の理解や使用，抽象的にものごとを考えることなどに，同一年齢の子どもよりも制約や制限がある状態を指します。

社会適応能力の障害は，食事や着替えなどの身辺処理能力を含む基本的な生活習慣に関する力，社会の中で人とかかわる力などに制約や制限がある状態を指します。

知的障害という障害を理解する上で，単に知的能力だけを問題にするのではなく，社会適応能力も含めて考えることが大切です。たとえば，知的能力の障害があっても，その人を取り巻く社会のありようによって，暮らしにくさを感じることなく生活できる場合もあります。

○特別な教育的ニーズ

知的障害のある子どもの特別な教育的ニーズは，障害の状態やライフステージなどによって多様ですが，以下では，おおまかに幼児期までと学齢期以降に分けて考えます。

幼児期までには，言葉，身辺処理能力，運動能力などでの遅れが特別な教育的ニーズとして認識されます。障害に気付くきっかけともなることもあります。幼稚園や保育所，就学前の療育機関などでは，これらの遅れと認識されたことに丁寧に対応しながら，子どもの状態の把握にも努めることになります。

学齢期以降は，主に学校での教育に関する特別な教育的ニーズが把握されます。

『特別支援学校学習指導要領解説　各教科等編（小学部・中学部）』（文部科学省，2018年）[2]には，知的障害のある子どもの学習上の特性として以下のように述べられ

ています。

> 　知的障害のある児童生徒の学習上の特性としては，学習によって得た知識や技能が断片的になりやすく，実際の生活の場面の中で生かすことが難しいことが挙げられる。そのため，実際の生活場面に即しながら，繰り返して学習することにより，必要な知識や技能等を身に付けられるようにする継続的，段階的な指導が重要となる。児童生徒が一度身に付けた知識や技能等は，着実に実行されることが多い。
> 　また，成功経験が少ないことなどにより，主体的に活動に取り組む意欲が十分に育っていないことが多い。そのため，学習の過程では，児童生徒が頑張っているところやできたところを細かく認めたり，称賛したりすることで，児童生徒の自信や主体的に取り組む意欲を育むことが重要となる。
> 　更に，抽象的な内容の指導よりも，実際的な生活場面の中で，具体的に思考や判断，表現できるようにする指導が効果的である。

　以上の記述では，3つのことが言われています。

　1つ目は，「学習によって得た知識や技能が断片的になりやすく，実際の生活の場面の中で生かすことが難しいこと」です。そのため，「実際の生活場面に即しながら，繰り返して学習すること」が求められます。このことは，知的障害という障害に基づく学習上の特性ということができます。この特性を踏まえ，学習で得た知識・技能等が断片的にならないように，指導・支援していくことが大切です。

　2つ目は，「成功経験が少ないことなどにより，主体的に活動に取り組む意欲が十分に育っていないことが多い」ということです。そのため，「児童生徒の自信や主体的に取り組む意欲を育むこと」が求められます。このことは，知的障害という障害に基づく特性というよりも，生活経験や学習経験が十分でなかったということに課題があります。ですから，教育や保育の場では，子どもが主体的に取り組める状況づくりが不可欠になります。

　3つ目は，「抽象的な内容の指導よりも，実際的な生活場面の中で，具体的に思考や判断，表現できるようにする指導が効果的」ということです。このことは，1つめのこととともかかわることで，なるべく実際的な場面での学習に努めていくことが必要とされています。

○特別な教育的ニーズに応える教育・保育

　教育や保育の場では，知的障害という障害を正しく理解し，ライフステージに応じた特別な教育的ニーズを把握していくことが大切です。

　実際に教育や保育を行うに当たっては，それぞれのライフステージで，どの子も，もてる力を最大限に発揮し，生き生きと主体的に生活できるようにしていくことが，特別な教育的ニーズに応える教育・保育ということができます。

2-5　肢体不自由のある子どもの特別な教育的ニーズ

○「肢体不自由」とは

「肢体不自由」という用語は，高木憲次（1888-1963）が昭和初期に提唱した用語であり，今日では「身体障害者福祉法」や「学校教育法」において使用されています。

文部科学省は，「肢体不自由」について，次のように説明しています[1]。

> 　身体の動きに関する器官が，病気やけがで損なわれ，歩行や筆記などの日常生活動作が困難な状態

また，学校教育法施行令では，特別支援学校の対象となる「肢体不自由者」について，次のように規定しています[3]。

> 一　肢体不自由の状態が補装具の使用によっても歩行，筆記等日常生活における基本的な動作が不可能又は困難な程度のもの
> 二　肢体不自由の状態が前号に掲げる程度に達しないもののうち，常時の医学的観察指導を必要とする程度のもの

○「肢体不自由」に含まれる疾患

「肢体不自由」のカテゴリーに含まれる疾患の例としては，次のようなものがあります[3]。

脳性まひ：脳性まひは，種々の原因により発育途上の脳に生じた神経学的疾患をさす用語です。中枢性運動障害のほかに，認知やコミュニケーションの困難など，様々な随伴障害があるため，学習や生活において適切な配慮が必要となります。厚生労働省の調査によれば，18歳未満の肢体不自由児の原因疾患として，「脳性まひ」が最も多い疾患となっています[4]。

二分脊椎：脊椎（せきつい）の形成不全のため二分したままの状態になっている疾患であり，下肢運動障害，直腸膀胱障害等が起こる場合があるため，生活面における配慮が必要です。

進行性筋ジストロフィー症：進行性の筋萎縮（いしゅく）と筋力低下が起こる遺伝性の疾患であり，症状の進行に応じた対応が必要となります。いくつかのタイプがあり，デュシャンヌ型，福山型などがあります。症状の進行に伴う心理面の配慮も重要となります。

骨形成不全症：骨形成不全が生じる先天性の疾患であり，骨折しやすいため，身体活動を伴う学習や生活面において配慮が必要となります。

ペルテス病：大腿骨骨頭に壊死（えし）が起こり，変形が生じる疾患です。身体活動を伴う学習等において配慮が必要となります。

○肢体不自由のある子どもの特別な教育的ニーズ

肢体不自由のある子どもの特別な教育的ニーズの例としては次のようなものがあります[4]。

①**運動・動作の支援に関するニーズ**：肢体不自由のある子どもの運動・動作の困難の状態を把握して，例えば，書字動作をどのように支援するかなど，困難の状態に対応した支援を検討する必要があります。理学療法士や作業療法士等の専門家との連携も重要となります。

②**意思表出の支援に関するニーズ**：肢体不自由のある子どもの中には，発声・発語の困難など意思の表出に困難のある子どもが多く含まれます。子どもが自分の意思を表現できるように，一人一人の困難の状態に応じて，意思を表現しやすい方法を検討する必要があります。

③**認知の支援に関するニーズ**：肢体不自由のある子どもの中には認知に困難を示す子どもが含まれていることが知られています。認知に困難がある子どもの場合には，学習場面における情報の呈示の仕方など，子どもが情報を受け取りやすい方法を工夫する必要があります。

④**ICT活用に関するニーズ**：意思表出や書字の動作に困難のある子どもの場合には，VOCA（音声が出力される機器）などのコミュニケーション支援機器を活用したり，パソコンや情報端末への入力方法を工夫したりすることによって学習の可能性が広がる場合があるため，ICT活用に関するニーズについて検討する必要があります。

○肢体不自由のある子どもの各教科の指導

肢体不自由のある子どもの各教科の指導においては，子どもの実態に応じた指導・支援が必要となります。学習指導要領では，次のような各教科における配慮事項を示しています[6]。

> 1）「思考力，判断力，表現力等」の育成（第2章第1節第1款の3の（1））
> 2）指導内容の設定等（第2章第1節第1款の3の（2））
> 3）姿勢や認知の特性に応じた指導の工夫（第2章第1節第1款の3の（3））
> 4）補助具や補助的手段，コンピュータ等の活用（第2章第1節第1款の3の（4））
> 5）自立活動の時間における指導との関連（第2章第1節第1款の3の（5））

これらの配慮事項を十分に考慮して，肢体不自由のある子どもの各教科の指導・支援を行うことが大切となります。

○肢体不自由のある子どもの自立活動の指導

　肢体不自由のある子どもにおいて，自立活動の指導は非常に重要な意味をもっています。自立活動の指導においては，一人一人の肢体不自由の子どもの特別な教育的ニーズに対応した指導が行われますが，特に，「5 身体の動き」（小学部・中学部学習指導要領第 7 章の第 2 の 5），「6 コミュニケーション」（小学部・中学部学習指導要領第 7 章の第 2 の 6），「4 環境の把握」（小学部・中学部学習指導要領第 7 章の第 2 の 4）に関わる指導・支援については，子どもの実態を把握して，適切な指導・支援を検討する必要があります[7]。

2−6 病弱の子どもの特別な教育的ニーズ

○病弱とは

文部科学省は,「病弱・身体虚弱」について次のように説明しています[1]。

> 病弱とは,心身の病気のため弱っている状態を表している。また,身体虚弱とは病気ではないが身体が不調な状態が続く,病気にかかりやすいといった状態を表している。

また,学校教育法施行令では,特別支援学校の対象となる「病弱者」については,次のように規定しています[2]。

> 一 慢性の呼吸器疾患,腎臓疾患及び神経疾患,悪性新生物その他の疾患の状態が継続して医療又は生活規制を必要とする程度のもの
> 二 身体虚弱の状態が継続して生活規制を必要とする程度のもの

このように,病弱教育の対象としては,継続して医療や生活規制を必要とする状態である疾患が幅広く含まれるということができます。

○病弱に含まれる疾患

病弱のカテゴリーに含まれる疾患の例としては,次のようなものがあります[1]。

気管支喘息(ぜんそく):咳(せき)や喘鳴(ぜんめい)を伴う発作・呼吸困難を繰り返す疾患です。発作の誘発要因を減らす取組とともに,発作が起きた際の対処が重要となります。

腎臓病:腎臓がうまく機能しなくなる疾患であり,急性糸球体腎炎,慢性糸球体腎炎,ネフローゼ症候群などがあります。

心臓病:心臓の疾患であり,心室中隔欠損,心房中隔欠損,肺動脈狭窄(きょうさく),弁膜症,心筋症,川崎病などがあります。

整形外科的疾患:二分脊椎,骨形成不全症,ペルテス病,脊柱側湾症(せきちゅうそくわんしょう)などがあります。

筋ジストロフィー:進行性の筋萎縮(いしゅく)と筋力低下が起こる遺伝性の疾患であり,症状の進行に応じた対応が必要となります。

悪性新生物:悪性新生物(がん)には,白血病,リンパ腫,神経芽腫,脳腫瘍,骨肉腫等などがあります。

重症心身障害:重度の知的障害や肢体不自由等を併せ有する障害であり,指導・支援において医療との密接な連携が必要となります。

心身症：心理的・社会的な問題が密接に関係して身体症状を生じている疾患であり，症状としては，腹痛，頭痛，疼痛（とうつう）などがあります。

その他の精神疾患：うつ病や双極性障害，統合失調症などの精神疾患のある子どもも，病弱特別支援学校に在籍して指導・支援を受けている場合があります。

○病弱の子どもの特別な教育的ニーズ

病弱の子どもの特別な教育的ニーズの例としては，次のようなものがあります[1)]。

①**健康状態の維持・改善に関するニーズ**：健康状態をより良くしていくために必要な知識，技能，態度，習慣を育てる指導・支援について検討する必要があります。医師等の医療の専門家との連携が重要であり，医療の進歩に対応した指導・支援の検討も大切です。

②**学習の補充に関するニーズ**：病気の治療のために学校の授業を欠席するなど，学習空白が生じることがあるため，学習の遅れが生じないように，学習を補充する指導・支援について検討する必要があります。

③**心理的支援に関するニーズ**：病気が心理面に及ぼす影響は大きく，不安になったり，情緒的に不安定な状態になったりする場合があるため，心理的な安定が得られるような指導・支援を検討する必要があります。長期間の療養生活により，学習意欲が低下したり消極的になったりする場合もあるため，学習意欲や自己肯定感を高める指導・支援が大切となります。

④**ICT活用に関するニーズ**：継続して医療や生活規制を必要とする環境にあっても，種々の情報機器等を活用することによって学習活動が広がる場合があるため，ICTを活用した指導・支援について検討することも大切です。

○病弱の子どもの指導・支援

学習指導要領では，病弱の子どもの各教科の指導について次の配慮事項を示しています[3)]。

> 1) 指導内容の精選等（第2章第1節第1款の4の（1））
> 2) 自立活動の時間における指導との関連（第2章第1節第1款の4の（2））
> 3) 体験的な活動における指導方法の工夫（第2章第1節第1款の4の（3））
> 4) 補助用具や補助的手段，コンピュータ等の活用（第2章第1節第1款の4の（4））
> 5) 負担過重とならない学習活動（第2章第1節第1款の4の（5））
> 6) 病状の変化に応じた指導上の配慮（第2章第1節第1款の4の（6））

自立活動の指導においては，一人一人の子どもの特別な教育的ニーズに対応した取組が行われますが，特に，「1　健康の保持」（小学部・中学部学習指導要領第7章の第2の1）の「(2) 病気の状態の理解と生活管理に関すること。」や「(5) 健康状態の維持・改善に関すること。」，「2　心理的な安定」（小学部・中学部学習指導要領第7章の第2の2）などに関する指導・支援について，十分に検討する必要があります[4)]。

○自閉症スペクトラムとは

　文部科学省が作成した『教育支援資料』[1]では，自閉症を次のように説明しています。

> 　自閉症とは，①他人との社会的関係の形成の困難さ，②言葉の発達の遅れ，③興味や関心が狭く特定のものにこだわることを特徴とする発達の障害である。その特徴は，３歳くらいまでに現れることが多いが，小学生年代まで問題が顕在しないこともある。中枢神経系に何らかの要因による機能不全があると推定されている。

　以上に書かれています①から③の３つの特徴が，自閉症を判断する上での大事なポイントとなります。もう一つ重要なのは，「中枢神経系に何らかの要因による機能不全があると推定されている」というところです。自閉症は，かつては，その名の通り「自分を閉ざす」，今日でいう「心の病気」の１つと考えられていた時代が長く続きました。幼児期から認識されることもあって，その原因として「親の育て方がよくない」等，家族，とりわけ親に不当な評価が下されることがありました。しかし，今日，そのような見方は改められ，知的障害等と同じく中枢神経系に何らかのダメージがある発達障害の一つに分類されています。

　ところで，『教育支援資料』[1]には，次のような記述があります。

> 　2013 年，米国精神医学会による精神障害の分類と診断基準の本の改訂版（第５版）(Diagnostic and Statistical Manual of Mental Disorders 5th ed., DSM-5) が刊行された。この DSM-5 では，広汎性発達障害 pervasive developmental disorders,PDD の用語が自閉症スペクトラム障害 autism spectrum disorder, ASD という用語に変更された。自閉症スペクトラムとは，自閉的な特徴がある人は，知能障害などその他の問題の有無・程度にかかわらず，その状況に応じて支援を必要とし，その点では自閉症やアスペルガー症候群などと区分しなくてよいという意味と，自閉症やアスペルガー症候群などの広汎性発達障害の下位分類の状態はそれぞれ独立したものではなく状態像として連続している一つのものと考えることができるという二つの意味合いが含まれた概念である。

　アメリカでの新しい診断基準では，自閉症スペクトラム（最近は「自閉スペクトラム症」という訳語が広がっています）という概念に変更され，現在は，日本もアメリカの診断基準と同じ方向で対応するようになっています。従来の自閉症では，３つの特徴が基本でしたが，現実にはその全てを満たさなくても，自閉症に通じる支援ニーズがあり，それらを連続体（スペクトラム）として理解する方が現実的であるということです。

○特別な教育的ニーズ

　自閉症スペクトラムの子どもは，乳幼児期には，「育てやすい子」とされていることがあります。「人見知りをしない」「一人で遊べる」と，家族や保育者にとって対応しやすく見られることがあるのです。しかし，始語の遅れや独特の行動などが見られるようになると，特別な教育的ニーズが明確になってきます。幼稚園や保育所では，「集団行動がとれない」「パニックを起こす」「ものや食材へのこだわり」などの教育や保育の困難性と関連して，特別な教育的ニーズが把握されることが多くあります。これらは学齢期以降でも同様です。

　学齢期以降には，学級での人間関係，学習内容理解などの点での特別な教育的ニーズもあります。知的障害を併せ有する場合には，知的障害による教育的ニーズの把握も必要です。

○特別な教育的ニーズに応える教育・保育

　乳幼児期に，「育てやすい子」と見られる場合も，医療機関等との連携のもと，その子の状態を正しく把握し，適切に教育や保育，療育を行うことが必要です。子どもが活躍できる活動を用意することや，身辺処理能力等の基本的生活習慣の形成などを，自閉症スペクトラムの特性理解に基づいて丁寧に行っていきます。親をはじめとする家族や保育者・教師の不安を解消するための支援も行います。周囲が自閉症スペクトラムに対する正しい理解をもてるようにすることは，とりわけ大切な支援です。

　集団行動が取れないことや人間関係に関することには，その子のペースや状況に即した支援が必要です。集団行動への参加という方向ばかりでなく，学習活動を調整して自閉症スペクトラムの子どもが活動できる状況をつくることも大切です。パニックやこだわりといった行動に対しては，その原因を特定し，解消を図る方途を検討します。特定の食材しか食べないということがあれば，それは単なる好き嫌いとか偏食とする前に，自閉症スペクトラムの特性に基づくこだわりや，感覚過敏（味覚の過敏や舌触りの触覚過敏など）による可能性を吟味します。私たちにもどうしても受け入れられない味があります。そういう感覚と同じような感覚を自閉症スペクトラムの子どもはごく普通の食材に感じているのかもしれません。

　担当の保育者や教師だけで悩まず，園や校内での連携，保護者や家庭との連携，医療機関や療育機関との連携を図り，できるかぎりチームでアプローチしていきます。

　そして，なんといっても子ども本人の思いを思いやることはとても重要です。「自分だったら」という思いで接することは大切ですが，この姿勢を表面的に捉えてはいけません。たとえば特定の音が苦手（聴覚過敏）なA君に対して，「自分だったらあの音は別に気にならないから，A君も我慢できるはず」と考えるのも確かに「自分だったら」ではありますが，これでは表面的です。「自分にも苦手な音があるよなあ（黒板を爪で

ひっかく音とか）。自分には大丈夫な音でも A 君にはそんなふうに聞こえるのかもしれない」と考えることが，より本質的です。自分にも辛いことがあり，A 君の今の苦しみは，中身は違ってもそれと同じことなんだ，という意味で，「自分だったら」を考えること（真の共感）がとても大切です。

2-8　学習障害のある子どもの特別な教育的ニーズ

○学習障害のある子どもは，どのような困難をかかえているのでしょうか？

○もし，見え方がこんな風だとしたら…

　例えば，

- 目の検査の時の乱視の表のように文字が重なって見える
- 鏡文字のように裏返って見える
- 紙面が渦巻きの模様のように見える

○学習障害のある人のことばから…

　学習障害のある人は，次のように記述しています。「小さいときから，一生懸命練習はしていたんですが，書くのは遅い，字はきたない。『そ』と『ん』は形がにていて区別がつかず，書きわけられない。国語のノートのマス目の中央に字が書けない。真ん中に書きなさいといわれるから書こうとするんだけれど，真ん中がわからない。それでここかなあってドキドキしながら，マス目のすみっこに小さく書いていました。」[1]

○学習障害とは…文部科学省の定義[2]から

> 　「学習障害とは，基本的には全般的な知的発達に遅れはないが，聞く，話す，読む，書く，計算する，推論する能力のうち特定のものの習得と使用に著しい困難を示す様々な状態を示すものである。学習障害は，その原因として，中枢神経科系に何らかの機能障害があると推定されるが，視覚障害，聴覚障害，知的障害，情緒障害などの障害や，環境的な要因が直接の原因となるものではない。」[2]

○例えば，どのような支援ができるでしょうか…ICF の図で考えてみると

　文字の読みの困難さがあり，A 君は，教科書や黒板の文字を同級生のように読むことができず，努力が足りないと叱責されることが多く，自信を失い，授業への意欲も下がっていました。（図１）

　発達検査を受け，視知覚の困難さが明らかになり，視知覚のトレーニングを受けたり，黒板を写す時に書字の量が少なくなるようキーワードのみを書いたり，読みやすくなるよう，プリントを拡大コピーしたり，テスト時には，漢字にルビをふったり，ICT機器を活用したりなどの支援を受けることにより，授業への意欲が上がりました。（図２）

特別支援学校の学習指導要領：自立活動編[3) にも，図3のように，困難さの状態に応じて，配慮を意図して，具体的に手立てを行うよう記述されています。これは，特別支援学校だけでなく，通級指導や通常の学級の指導にも求められる配慮です。（図3）

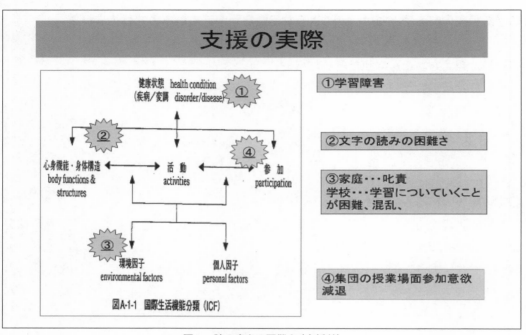

図1　読み書きの困難さ（支援前）

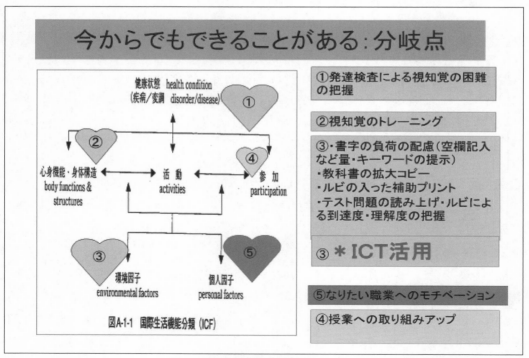

図2　読み書きの困難さ（支援後）

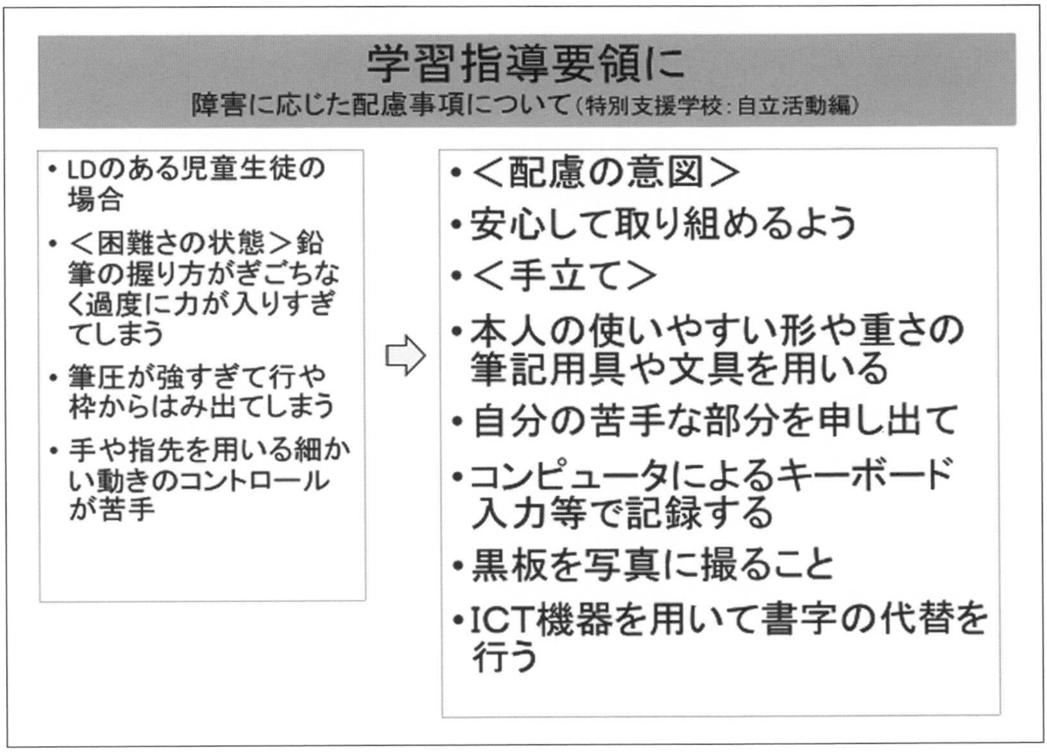

学習指導要領に
障害に応じた配慮事項について（特別支援学校：自立活動編）

・LDのある児童生徒の場合 ・＜困難さの状態＞鉛筆の握り方がぎごちなく過度に力が入りすぎてしまう ・筆圧が強すぎて行や枠からはみ出てしまう ・手や指先を用いる細かい動きのコントロールが苦手	・＜配慮の意図＞ ・安心して取り組めるよう ・＜手立て＞ ・本人の使いやすい形や重さの筆記用具や文具を用いる ・自分の苦手な部分を申し出て ・コンピュータによるキーボード入力等で記録する ・黒板を写真に撮ること ・ICT機器を用いて書字の代替を行う

図３　学習障害のある子どもへの支援

2-9　ADHD の子どもの特別な教育的ニーズ

○あなたが，全く理解できない分野の講義を正しい姿勢で聴いていなければならない
　としたら，どうしますか？　聴いた講義の内容を覚えておいて発表しなければなら
　ないとしたら，どんな気持ちになるでしょうか？

○当事者の気持ちは…（「最後の晩ごはん　閉ざした瞳とクリームソーダ」[1] から）

「やりたくてやったん違うんですけどねぇ。

俺，子供の頃から，常軌を逸して落ち着きがなかったんですよ。まあ，今もわりとそ
うですけど，ガキの頃はもっと酷くて。

15 分と座ってられへんかって，

教室で授業中にウロウロし始めてしもたり，

興味ないことやったらボーッとしてしもたり，

山ほど忘れ物したり，

なんかやりたいと思うたら，休み時間まで我慢できんと，授業中に堂々と始めてしも
たり」

○ ADHD とは…文部科学省の記述[2] から

> 「ADHD とは，年齢あるいは発達に不釣り合いな注意力，及び／又は衝動性，多動性を特
> 徴とする行動の障害で，社会的な活動や学業に支障をきたすものである。また，７歳以前に
> 現れ，その状態が継続し，中枢神経系に何らかの要因による機能不全があると推定される。」

○ ADHD の具体的な状態…教育支援資料[3] から（抜粋）

＜不注意＞

・学校での勉強で，細かいところまで注意を払わなかったり，不注意な間違いをした
　りする。
・課題や遊びの活動で注意を集中し続けることが難しい。
・指示に従えず，また仕事を最後までやり遂げられない。
・学習や活動に必要な物をなくしてしまう。

＜衝動性＞

・質問が終わらないうちに出し抜けに答えてしまう。
・順番を待つのが難しい。

＜多動性＞

・手足をそわそわ動かしたり，着席していてもじもじしたりする。
・授業中や座っているべきときに，席を離れてしまう。

〇例えば，どのような支援ができるでしょうか…ICF の図で考えてみると

　すぐに気が散り，教室から出ていくことが度々ある１年生。一番後ろの席に座り，プリントを先生のところに持っていく時に，通路の両側の友達の筆箱が気になり，全部開けて見るので，友達とトラブルになる。（図１）

　座席を一番前にし，友達とのトラブルを避ける。また，気が散る前に好きな本を読む時間を設定し離席を防ぐ。遠足に行く前に，どんな活動をするのか事前に示し，ルールブックを見て行動できるようにし，帰宅後は母と好きな遊びができるという目標を励みに行動する。（図２）

　『特別支援学校の学習導要領：自立活動編』[4] にも，困難さの状態に応じて，図３のように具体的な手立てを行うよう記述されています。これは，特別支援学校だけでなく，通級指導や通常の学級の指導にも求められる配慮です。（図３）

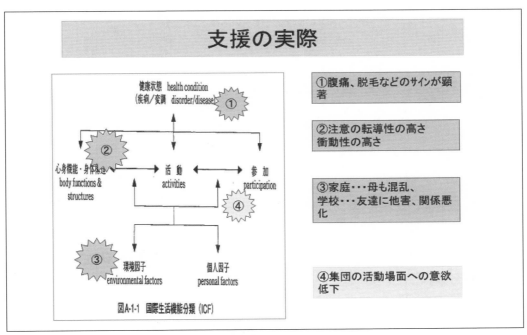

図１　ADHD のある子どもの困難さ（支援前）

支援の実際
健康状態 health condition
(疾病/変調 disorder/disease)
心身機能・身体構造 body functions & structures
活動 activities
参加 participation
環境因子 environmental factors
個人因子 personal factors
図A-1-1 国際生活機能分類(ICF)
①
②
③
④
①好きな担任とのスキンシップ、母や好きなぬいぐるみの写真
→安心感
②刺激が最小限の座席に
③・学校との連携
興奮が高まりやすい校外学習で事前にｽｹｼﾞｭｰﾙを把握して本人に提示、ﾙｰﾙを決めて約束、帰宅後のお楽しみを設定、ﾙｰﾙﾌﾞｯｸを携帯し、自分で確認
↓
見通しを持てたことで集団行動可
・小児科ドクターとの連携
・情緒学級の活用を検討
④活動への参加の増大をめざす

図２　ADHD のある子どもの困難さ（支援後）

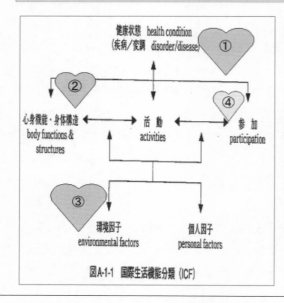

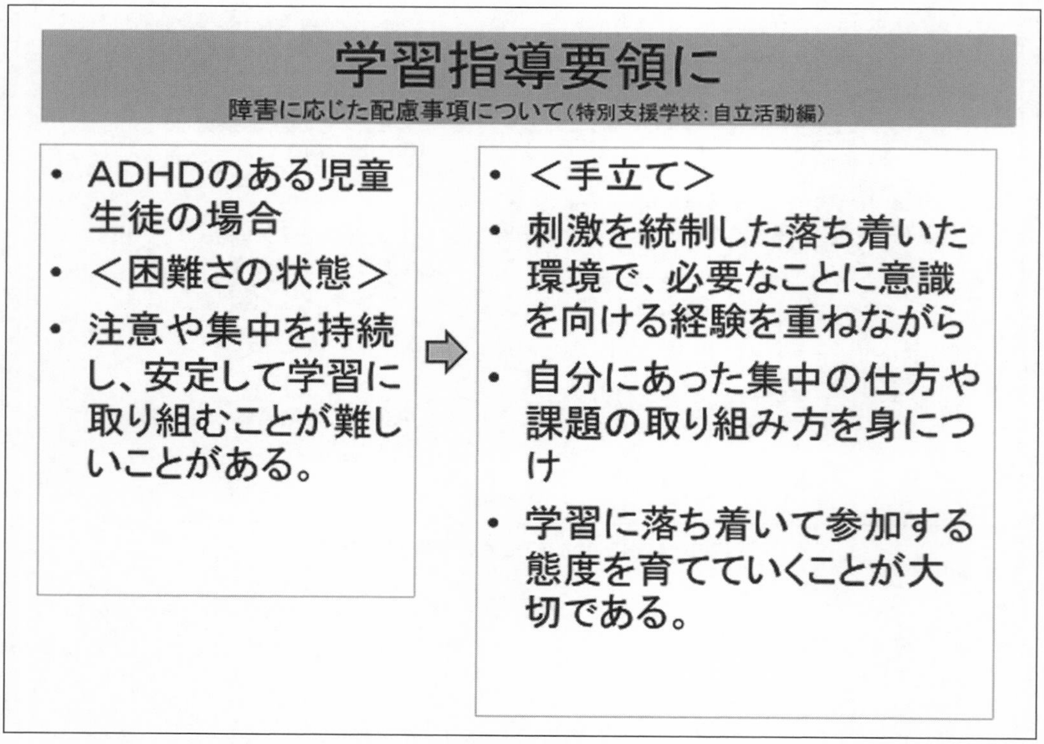

学習指導要領に
障害に応じた配慮事項について（特別支援学校：自立活動編）
• ADHDのある児童生徒の場合
• ＜困難さの状態＞
• 注意や集中を持続し、安定して学習に取り組むことが難しいことがある。
• ＜手立て＞
• 刺激を統制した落ち着いた環境で、必要なことに意識を向ける経験を重ねながら
• 自分にあった集中の仕方や課題の取り組み方を身につけ
• 学習に落ち着いて参加する態度を育てていくことが大切である。

図３　ADHD のある子どもの支援

2-10　その他の特別な教育的ニーズ

○日本語の使用に困難のある子ども

外国籍の子どもなど，日本語の使用に困難のある子どもたちには，一人一人の子どもの困難の状況に応じた対応が必要となります。

日本語が通じないために特別の指導・支援を必要とする子どもについて，学校教育法施行規則では，次のように示しています[1]。

> 第五十六条の二　小学校において，日本語に通じない児童のうち，当該児童の日本語を理解し，使用する能力に応じた特別の指導を行う必要があるものを教育する場合には，文部科学大臣が別に定めるところにより，第五十条第一項，第五十一条（中学校連携型小学校にあっては第五十二条の三，第七十九条の九第二項に規定する中学校併設型小学校にあっては第七十九条の十二において準用する第七十九条の五第一項）及び第五十二条の規定にかかわらず，特別の教育課程によることができる。

また，特別支援学校においても，次のように示しています。

> 第百三十二条の三　特別支援学校の小学部又は中学部において，日本語に通じない児童又は生徒のうち，当該児童又は生徒の日本語を理解し，使用する能力に応じた特別の指導を行う必要があるものを教育する場合には，文部科学大臣が別に定めるところにより，第百二十六条，第百二十七条及び第百二十九条の規定にかかわらず，特別の教育課程によることができる。

このように，通常の小学校や特別支援学校において，日本語の使用に困難がある子どもへの指導・支援においては，特別の教育課程によって教育できることを示しています。

○その他の特別な教育的ニーズのある子ども

はっきりと障害についての診断がなくても，学習上・生活上に特別の支援を必要とする子どもたちがいます。一般的に「グレーゾーン」と呼ばれる子どもたちにも，特別な支援が必要な場合があります。

また，今後の医療や社会的認識の進展によって，新たに特別な支援が必要であると共通認識がなされる子どもたちも対象として加えられていく可能性があります。

様々な理由により学習上・生活上に特別な支援を必要とする子どもたちは，特別な教育的ニーズのある子どもたちであるということができます。

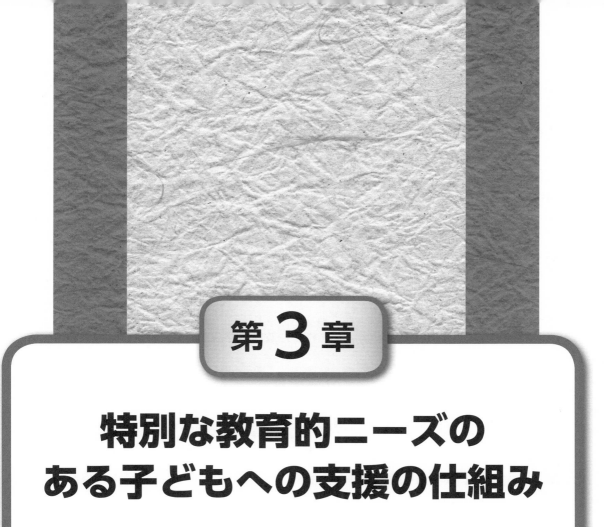

第3章

特別な教育的ニーズの
ある子どもへの支援の仕組み

3-1 特別な教育的ニーズのある子どもの就学先決定の仕組み

　特別な教育的ニーズのある子どもの就学先決定については，学校教育法施行令[1]，学校保健安全法[2] などに定められています。主な条文は以下の通りです。

＜学校教育法施行令＞

第二条　市町村の教育委員会は，毎学年の初めから五月前までに，文部科学省令で定める日現在において，当該市町村に住所を有する者で前学年の初めから終わりまでの間に満六歳に達する者について，あらかじめ，前条第一項の学齢簿を作成しなければならない。（後略）

第五条　市町村の教育委員会は，就学予定者（法第十七条第一項又は第二項の規定により，翌学年の初めから小学校，中学校，義務教育学校，中等教育学校又は特別支援学校に就学させるべき者をいう。以下同じ。）のうち，認定特別支援学校就学者（視覚障害者，聴覚障害者，知的障害者，肢体不自由者又は病弱者（身体虚弱者を含む。）で，その障害が，第二十二条の三の表に規定する程度のもの（以下「視覚障害者等」という。）のうち，当該市町村の教育委員会が，その者の障害の状態，その者の教育上必要な支援の内容，地域における教育の体制の整備の状況その他の事情を勘案して，その住所の存する都道府県の設置する特別支援学校に就学させることが適当であると認める者をいう。以下同じ。）以外の者について，その保護者に対し，翌学年の初めから二月前までに，小学校，中学校又は義務教育学校の入学期日を通知しなければならない。

＜学校保健安全法＞

第十一条　市（特別区を含む。以下同じ。）町村の教育委員会は，学校教育法第十七条第一項の規定により翌学年の初めから同項に規定する学校に就学させるべき者で，当該市町村の区域内に住所を有するものの就学に当たつて，その健康診断を行わなければならない。

　以上に基づき，市町村教育委員会がその年度中に満6歳に達する子どもの就学先を決定します。その年度の10月31日まで（「毎学年の初めから五月前まで」）に学齢簿作成，11月30日までに学校保健安全法により就学時健康診断を実施します。就学時健康診断の結果等を基に，市町村教育委員会が教育支援委員会を開催，就学先を決定します。1月31日まで（「翌学年の初めから二月前まで」）に保護者に就学先の入学期日を通知します。都道府県立特別支援学校に就学の場合，都道府県教育委員会が通知します。

3−2　特別な教育的ニーズのある子どもの相談支援体制

　就学先の決定にあたっては，学校教育法施行令第18条の2[1]に次のように定められています。

> 第十八条の二　市町村の教育委員会は，児童生徒等のうち視覚障害者等について，第五条（第六条（第二号を除く。）において準用する場合を含む。）又は第十一条第一項（第十一条の二，第十一条の三，第十二条第二項及び第十二条の二第二項において準用する場合を含む。）の通知をしようとするときは，その保護者及び教育学，医学，心理学その他の障害のある児童生徒等の就学に関する専門的知識を有する者の意見を聴くものとする。

　この条文で大切なことは2点です。

　1つは，就学先の決定については，保護者の意見を聴くことが法令で定められているということです。つまり，保護者の意見を踏まえずに一方的に就学先を決定して通知することは望ましくないとされているのです。これは，障害のある人本人の権利を尊重するという今日的な考えを反映したものです。

　もう1つは，「教育学，医学，心理学その他の障害のある児童生徒等の就学に関する専門的知識を有する者の意見を聴く」とされていることです。前述した教育支援委員会は，この定めに基づきます。教育支援委員会は，市町村教育委員会が設置しますが，学校教育法施行令に定めた専門家を中心として組織され，適切な就学先決定に向けて協議を行います。その過程で，保護者や本人への相談支援が行われます。教育支援委員会を中心にした相談支援体制の整備は，望ましい就学先決定にはとても重要です。加えて，特別支援学校，小学校，幼稚園，保育所，保健所，療育機関，医療機関，大学などで，特別なニーズのある子どもやその保護者への相談支援を行っています。相談の場は多いのですが，保護者がそのような相談の場に関する情報を得られないことが多いのが現状です。各地で，保護者が情報を得やすい仕組みづくり（関係機関のネットワークづくりや，広報の充実など）が努力されています。

3-3 特別な教育的ニーズのある子どもの教育課程

教育課程とはなんでしょうか。『特別支援学校教育要領・学習指導要領解説　総則編（幼稚部・小学部・中学部）』（文部科学省, 2018 年）[1] には, 次のように述べられています。

> 教育課程の意義については様々な捉え方があるが, 学校において編成する教育課程については, 学校教育の目的や目標を達成するために, 教育の内容を児童生徒の心身の発達に応じ, 授業時数との関連において総合的に組織した各学校の教育計画であると言うことができ, その際, 学校の教育目標の設定, 指導内容の組織及び授業時数の配当が教育課程の編成の基本的な要素になってくる。

上述のように, 教育課程の考え方は多様ですが, 簡単にいえば, 「何を教えるかの計画」, つまり教育目標達成のために教えるべき教育内容を定めた計画と考えることができます。

わが国においては, 全国共通の教育課程の基準があります。それが学習指導要領です。

特別支援学校においても, 学習指導要領に基づき, それぞれの障害に応じて, 適切な教育課程を編成することになります。

特別支援学校の教育課程は, 学校教育法施行規則[2] で次のように定められています。

> 第百二十六条　特別支援学校の小学部の教育課程は, 国語, 社会, 算数, 理科, 生活, 音楽, 図画工作, 家庭体育及び外国語の各教科, 特別の教科である道徳, 外国語活動, 総合的な学習の時間, 特別活動並びに自立活動によつて編成するものとする。
> 2　前項の規定にかかわらず, 知的障害者である児童を教育する場合は, 生活, 国語, 算数, 音楽, 図画工作及び体育の各教科, 特別の教科である道徳, 特別活動並びに自立活動によつて教育課程を編成するものとする。ただし, 必要がある場合には, 外国語活動を加えて教育課程を編成することができる。
> 第百二十七条　特別支援学校の中学部の教育課程は, 国語, 社会, 数学, 理科, 音楽, 美術, 保健体育, 技術・家庭及び外国語の各教科, 特別の教科である道徳, 総合的な学習の時間, 特別活動並びに自立活動によつて編成するものとする。
> 2　前項の規定にかかわらず, 知的障害者である生徒を教育する場合は, 国語, 社会, 数学, 理科, 音楽, 美術, 保健体育及び職業・家庭の各教科, 特別の教科である道徳, 総合的な学習の時間, 特別活動並びに自立活動によつて教育課程を編成するものとする。ただし, 必要がある場合には, 外国語科を加えて教育課程を編成することができる。
> 第百二十八条　特別支援学校の高等部の教育課程は, 別表第三及び別表第五に定める各教科に属する科目, 総合的な学習の時間, 特別活動並びに自立活動によつて編成するものとする。

> 2　前項の規定にかかわらず，知的障害者である生徒を教育する場合は，国語，社会，数学，理科，音楽，美術，保健体育，職業，家庭，外国語，情報，家政，農業，工業，流通・サービス及び福祉の各教科，第百二十九条に規定する特別支援学校高等部学習指導要領で定めるこれら以外の教科及び道徳，総合的な学習の時間，特別活動並びに自立活動によつて教育課程を編成するものとする。
>
> 第百三十条　特別支援学校の小学部，中学部又は高等部においては，特に必要がある場合は，第百二十六条から第百二十八条までに規定する各教科（次項において「各教科」という。）又は別表第三及び別表第五に定める各教科に属する科目の全部又は一部について，合わせて授業を行うことができる。
>
> 2　特別支援学校の小学部，中学部又は高等部においては，知的障害者である児童若しくは生徒又は複数の種類の障害を併せ有する児童若しくは生徒を教育する場合において特に必要があるときは，各教科，特別の教科である道徳（特別支援学校の高等部にあつては，前条に規定する特別支援学校高等部学習指導要領で定める道徳），外国語活動，特別活動及び自立活動の全部又は一部について，合わせて授業を行うことができる。

　第126条は小学部の教育課程，第127条は中学部の教育課程，第128条は高等部の教育課程について定めています。特別支援学校における教育課程では，自立活動が設けられていること，知的障害の子どもの場合，教育課程の一部が変更されていることなどが特徴です。

　学校教育法施行規則第130条では各教科または科目の全部または一部を合わせて指導できることが定められています。学校教育法施行規則第130条の2では，知的障害の子どもと重複障害の子どもを教育する場合，各教科等を合わせた指導ができることが定められています。

　特別支援学級における教育課程は，学校教育法施行規則[2]で次のように定められています。

> 第百三十八条　小学校，中学校若しくは義務教育学校又は中等教育学校の前期課程における特別支援学級に係る教育課程については，特に必要がある場合は，（中略）特別の教育課程によることができる。

　特別支援学級は，小学校または中学校に設けられる学級ですので，それぞれの学校の学習指導要領に基づいて教育課程を編成しますが，「特別の教育課程によることができる」とされています。これは実際には，特別支援学校学習指導要領を参考に教育課程を編成できるということを意味しています。通級による指導についても，学校教育法施行規則第140条に「特別の教育課程によることができる」とされています。

3-4 個別の教育支援計画

『特別支援学校教育要領・学習指導要領解説　総則編（幼稚部・小学部・中学部）』（文部科学省, 2018 年）[1) には, 個別の教育支援計画について, 次のように説明されています。

> 　平成 15 年度から実施された障害者基本計画においては, 教育, 医療, 福祉, 労働等の関係機関が連携・協力を図り, 障害のある幼児児童生徒の生涯にわたる継続的な支援体制を整え, それぞれの年代における子供の望ましい成長を促すため, 個別の支援計画を作成することが示された。この個別の支援計画のうち, 幼児児童生徒に対して, 教育機関が中心となって作成するものを, 個別の教育支援計画という。
>
> 　障害のある児童生徒は, 学校生活だけでなく家庭生活や地域での生活を含め, 長期的な視点で幼児期から学校卒業後までの一貫した支援を行うことが重要である。このため, 教育関係者のみならず, 家庭や医療, 福祉などの関係機関と連携するため, それぞれの側面からの取組を示した個別の教育支援計画を作成し活用していくことが考えられる。具体的には, 障害のある児童生徒が生活の中で遭遇する制約や困難を改善・克服するために, 本人及び保護者の意向や将来の希望などを踏まえ, 在籍校のみならず, 例えば, 家庭, 医療機関における療育事業及び福祉機関における児童発達支援事業において, 実際にどのような支援が必要で可能であるか, 支援の目標を立て, それぞれが提供する支援の内容を具体的に記述し, 支援の内容を整理したり, 関連付けたりするなど関係機関の役割を明確にすることとなる。

　特別なニーズのある子どもは学校の他, 医療や福祉, 労働などの様々な分野が支えています。学校教育で, これらの様々な分野と連携して作成するのが個別の教育支援計画です。個別の教育支援計画を作成することで, 様々な分野のサポーターの連携が実現できます。いわば, 個別の教育支援計画は, 「連携のツール」なのです。さらに将来を見据えた長期的な視野をもった計画とすることも, 個別の教育支援計画を作成する上では大事です。連携という横軸と, 将来に向けてという縦軸を備えることで, よりよい個別の教育支援計画になります。

　個別の教育支援計画は, 複数の人が共有します。また保護者や本人の願いを踏まえる必要もあります。ですから, 作成や活用にあたって保護者の理解や同意は欠かせません。

　個別の教育支援計画は, 特別支援学校で学ぶ子どもに作成します。さらに, 2017 年以降公示の小学校学習指導要領, 中学校学習指導要領, 高等学校学習指導要領では, 特別支援学級（小・中学校）, 通級による指導（小・中・高等学校）で学ぶ子どもにも作成することとされました。幼稚園でも障害のある幼児には, 作成に努めることとされています。

3-5 個別の指導計画

『特別支援学校教育要領・学習指導要領解説　総則編（幼稚部・小学部・中学部）』（文部科学省，2018 年）[1) には，個別の指導計画について，次のように説明されています。

> 特別支援学校の児童生徒の実態は多様化しており，個々の児童生徒に応じた適切な指導が求められていることから，平成 11 年の改訂において，自立活動や重複障害者の指導に際して，個別の指導計画を作成することとした。さらに，前回の改訂で，障害の状態が重度・重複化，多様化している児童生徒の実態に即した指導を一層推進するため，各教科等にわたり個別の指導計画を作成することとした。このことは，今回の改訂においても同様である。
> 　個別の指導計画は，個々の児童生徒の実態に応じて適切な指導を行うために各学校で作成しなければならないものである。

　以上の内容から，個別の指導計画は，障害のある子ども一人一人に対して作成すること，各教科等の全てについて作成することがわかります。

　教育課程を編成し，授業を実施するに当たっては，必ず指導計画を作成します。一般には，ここでいう指導計画は，指導の全体計画を指しますが，障害のある子どもへの指導では，さらに個別に指導計画を作成することになります。これが個別の指導計画です。

　個別の指導計画の書式は学校によって多様です。教科等別に作成する場合，あるいは各教科等を合わせた指導等の指導の形態ごとに個別の指導計画を作成する場合などがあります。いずれの場合でも，個別の指導計画で，授業で子ども一人一人に，適確な授業ができることが大事です。いわば個別の指導計画は「授業のツール」なのです。

　個別の指導計画は，日々の授業だけでなく，年度ごとの担当教員間の引き継ぎにも有効です。その子が何をどこまでできているか，次の課題は何か，などを担当教員が変わっても的確に引き継ぐことで，指導の重複等を防げますし，よりよい形で指導を積み重ねていけます。

　個別の指導計画には，子どもに関する情報が記載され，その情報は教員等の間で共有されます。作成や活用には保護者の理解や同意が欠かせないことは，個別の教育支援計画と同様です。このことは，保護者の願いを踏まえた個別の指導計画であるためにも大切なことです。

　個別の指導計画は，特別支援学校で学ぶ子どもに作成します。2017 年以降公示の小学校学習指導要領，中学校学習指導要領，高等学校学習指導要領では，特別支援学級（小学校・中学校），通級による指導（小学校・中学校・高等学校）で学ぶ子どもにも作成することとされました。幼稚園で障害のある幼児には作成に努めることとされました。

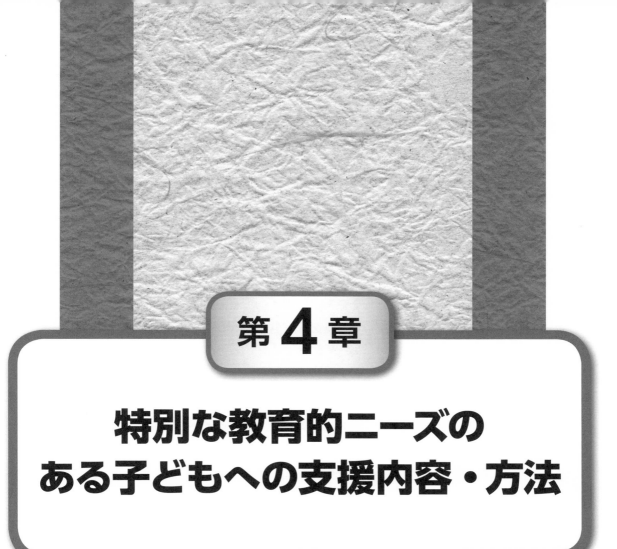

第4章

特別な教育的ニーズの
ある子どもへの支援内容・方法

4-1 乳幼児期における支援

○乳幼児期の子どもの「特別なニーズ」

　本来，乳幼児期の子どもたち一人一人には，それぞれのニーズがあります。どの子も特別で，丁寧に子どもの姿を読み取り，適当な環境を与えることや適切な援助が求められる，という視点は必ず持っておきましょう。この前提の上で，「特別なニーズ」について考えます。

　乳幼児期に「特別なニーズ」が子どもにあると考えるのは，「A　生後すぐに診断が確定された場合」「B　乳幼児健診で障害が予測される場合」「C　『気になる』存在から支援の必要性が明確になる場合」に大別されるかと思います（図1）。いずれにしても，大切にしたいのは，「特別なニーズがあるかどうか」を判別することではなく，「特別なニーズをどのように捉えて応じていくか」です。そのことについてさらに考えていきましょう。

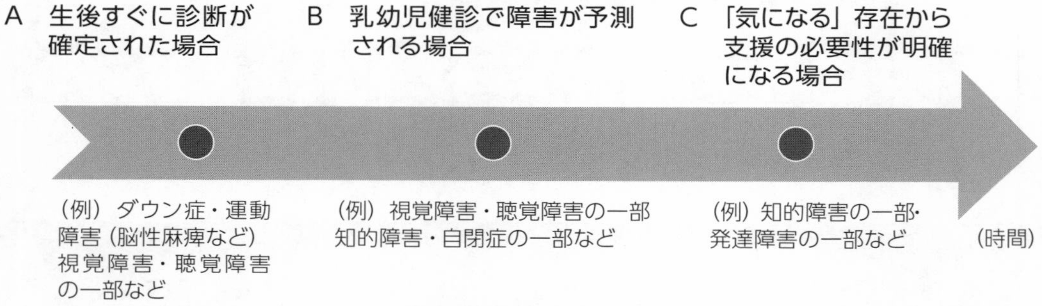

A　生後すぐに診断が
　　確定された場合

B　乳幼児健診で障害が予測
　　される場合

C　「気になる」存在から
　　支援の必要性が明確
　　になる場合

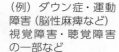

（例）ダウン症・運動障害（脳性麻痺など）視覚障害・聴覚障害の一部など

（例）視覚障害・聴覚障害の一部・知的障害・自閉症の一部など

（例）知的障害の一部・発達障害の一部など

（時間）

図1　乳幼児期に特別なニーズを考えるとき

○乳幼児期の子どもの「特別なニーズ」をどのように捉えるか？

　乳幼児期の「特別なニーズ」を考えるとき，子ども自身が「自分には特別なニーズがある」と訴えてくることはあると思いますか。まずないですね。では，誰が，特別なニーズがあると捉えるのでしょうか。それは，子どもの周囲にいる保護者や保育者などの大人ですね。そして，その大人は，子どもの生活や教育・保育に大きく関わる場合が多く，影響力も大きいものです。大人がどのように子ども（とそのニーズ）を捉えるか，次の例を見てみましょう。

> 　保育を見せてもらうと，私にとって保育の中で目につく子がいる。それは保育者の関わりによって違うことに気がつく。皆を一カ所に集め，絵本を読んで聞かせる場面だった。あるクラスで，支度が遅くてまだ皆の集まっているところに来ていない子がいる。保育者は本を読み始めてからも気になっている。「かっちゃん，早くお支度してください。いいですか，みんな待っているんですよ」と声をかける。また別のクラスでも，同じように支度をしていて，入っていない子がいる。輪に入っていないから当然遠くにいる。「ゆうちゃん，見えるかな」と，ふらふらしながらしている子に保育者は声をかける。
>
> 　　　　　　　　　　　（秋田喜代美著「知を育てる保育」（ひかりのくに）より）

　この文章を読んで，かっちゃんとゆうちゃんのニーズはどこにあると思いますか。一方で2人の担任保育者は，それぞれのニーズをどのように捉えているでしょうか。そして，周囲の子は，やりとりを聞いてかっちゃんやゆうちゃんをどのように捉えるでしょうか。目の前の状況，少し前の子どもの育ち，さらに先の子ども同士の関係性などを見定めつつ，子どものニーズを探っていくことが必要です。一方で特別なニーズを持つ子は，一見すると大人を困らせる行動を取ることがあります。しかし，困っているのは子ども自身なのです。困らせているのか，困っているのか――この見方の違いは，子どものニーズを探るときに大きな違いとなってしまいます。「"put yourself in someone's shoes"（相手の靴を履いてみる）」ことができる大人でありたいものです。あともう一つ，大事な視点があります。それは，その子の強みや魅力を捉えることです。人は様々な面を持っています。ある場面では特別なニーズを強く感じる子であっても，別な場面ではその子らしく生き生きとした姿を見せてくれます。そうした生き生きと過ごしている面もしっかりと捉え，支援につなげていくことが大切です。

○乳幼児期の子どもの「特別なニーズ」にどのように応じていくか？

　幼児教育・保育において，子どもの特別なニーズにどのように応じていくかを考えるとき，まずは「保育そのものを考える」ことが大変重要です。幼児教育・保育は，「一人一人に応じる」ことを原理としています。それは，「環境を通して」行うとも示されています。これらは，特別なニーズの有無に関わらず共通することです。また，幼児教育・保育は「遊び」を中心とした指導が行われます。まず「日々の保育を丁寧に展開する」ことを考えましょう。

　まず，子どもが園や保育者に対して，「安心・安全」を感じられているかということを考えてみます。安心できない環境で，人は何かを頑張って取り組もうとは思わないものです。子どもにとって，部屋に「ホッと」できるスペースがあるか，お気に入りの「何か」があるか，保育者が信頼できる相手か，クラスが温かい雰囲気かなどを問い直してみることが大切です。

次に考えたいことは，遊びの充実です。幼児教育・保育では，日課（デイリープログラム）というものがあります。例えば，午前中に園庭や散歩へ出る，帰りの前に今日の振り返りの時間を持つなど，1日のおおまかな流れを考えるものです。この日課が，子どもにとって無理のない時間や流れになっているかは大事なところです。そして，日課の中の遊びや活動が子どもの興味関心に沿っているものかどうか，子ども自身が選べる環境が用意できているか，遊びを保障できる時間や空間が用意できるか，などがその充実を決めるカギとなります。よりよく遊ぶ姿を引き出せる保育こそ，子どものニーズに最大限に応じることにつながります。

　その中で，遊びの充実や友だちとの関わり，生活場面などで，特別なニーズを持つ子が困難を覚える場合があるかもしれません。そのときは，日課の見直しや遊びの展開などのマクロな面，環境構成や個別の働きかけなどのミクロの面の双方から検討し工夫してみることが必要です。例えば，特別なニーズのある子の遊びを全体に広げてみたり，「声かけ」だけではなく「見てわかる」「動いてわかる」働きかけを考えたりすることも一つの方法です。

4−2　通常学級における支援

○通常学級と特別なニーズ

　学校教育にはどのような教育の場があるのでしょうか。小学生でイメージしてみます。大きく分ければ小学校と特別支援学校の二つです。そして，小学校には通常学級の他に，特別支援学級，通級指導教室（＝週に１．２回，１．２時間通って指導を受ける場）が設置されることがあります。

具体的には
・小学校の通常学級
・小学校の特別支援学級
・小学校の通級指導教室
・特別支援学校

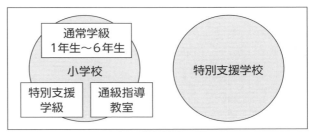

図1　学校教育の場

図のような四つの場があることになります。

　本書の第２章でも説明されていますが，発達障害等の特別なニーズのある子どもは，どの教育の場にも在籍しています。特別なニーズのある子どもが一番多く在籍しているのは，実は「通常学級」です。小学校・中学校通常学級の子どもの約6.5％が発達障害等を疑われる特別なニーズのある子どもと推計されています（文部科学省「通常の学級に在籍する発達障害の可能性のある特別な教育的支援を必要とする児童生徒に関する調査結果について」[1]）。ちなみに，特別支援学校に在籍する子どもは全ての小学生・中学生のわずか0.7％ですから，特別なニーズのある子どもの多くは小学校に在籍していることになります。それが，通常学級における特別な支援が強く求められている大きな理由です。

○「困った」子どもではなく，何かに「困っている」子ども

　小学生だった頃を思い返してみてください。授業中に立ち歩く友達…，ちょっと乱暴な友達…，不思議な感じのかかわりをする友達…，おそらく読者が過ごした学級にもそのような友達がいたかもしれません。彼らは「身勝手」で「わがまま」で「努力しない」子どもなのでしょうか？

　授業中に立ち歩くことが多かった筆者の教え子に，「どうして座っていられないの？」と聞いたことがあります。すると驚くような答えが返ってきました…「ぼくもみんなみたいに座って勉強したい」と言ったのです…。一見，「身勝手」と思われがちな子ど

もだったのですが，実は，「座る努力」をしても座っていることができずに困っていたのです。

○逆転の発想による支援

　教師として，通常学級の20人から40人近い子どもたちを前に指導する場面を思い描いてみてください。一人でも二人でも先に触れたような子どもがいるとしたら…一般的には「叱る」でしょう。しかし，それで解決するのでしょうか？　例えば，読者は視覚障害のある子どもに「なぜ見えないんだ」と叱りますか？　全く同じ理由で，努力しても座れない子どもを「座りなさい」と叱ったところで，問題の解決にはつながりません。努力してもできないことを叱るとしたら，それは「医療ミス」以上の「教育ミス」になるかもしれません。

　ですからまず，徹底した逆転の発想が学級づくりには求められます。

> **できていること・よさを伸ばす徹底した逆転の発想で！**
> ○問題行動を叱って減らす発想ではなく，
> 　問題を起こしていない状態をほめて増やす逆転の発想！
> 　　　　　　　佐藤愼二：『逆転の発想で魔法のほめ方・叱り方』（東洋館出版社）[2]

○学級づくり・支援のポイント[3]

①**できること・よさが発揮できる**：前年度担任からの引き継ぎが鍵です。一人一人の得意やよさが発揮される活動を用意し，できたことが学級の中で認められ，さらには，教師がほめることができ，子どもの存在感を認める場面を増やします。

②**困った顔ができる学級づくり**：できること・よさ・得意を大事にしつつも，やはり，困ったり，間違ったりします。しかし，間違えず困らないことが大事なのではありません。「困ったときに『助けて！』と言える，誰でも助けてもらえる，助け合える学級にしよう」というメッセージを大切にします。

③**違っていい安心感**：違っていいという文化は共生的な学級の重要な要件となります。一人一人の顔が違うように，できること・よさ，苦手なこと・できないこともみんな違います。そして，違っていて当たり前という文化が根付き，子どもたちに安心感が浸透すると，特別な支援は限りなく特別ではなくなります。めがねをかけている友達に「ずるい」とは言いません。困り方が違えば，支援の仕方も違って当然です。「困っていい！　間違っていい！　でも，助けてもらえる！」という安心感が大切です。

④**誰でも守れる約束でほめる**：年度当初は確実に守ることのできる約束をして，ほめる機会を意識して増やします。言語環境の手本である教師のほめ言葉５Ｓ（さすが，すごい，すてき，すばらしい，それでいい）が増えれば，学級の雰囲気は確実に温かになります。

⑤**ルール・約束を守る子どもをほめる**：ルール・約束を守らない子どもを叱ってしまいがちです。しかし，それ以上に大切なことは，ルール・約束を守っている子どもたちをほめる逆転の発想です。周りの子どもたちをしっかりと育てることは，特別なニーズのある子どもの手本になる友達を増やすことでもあります。これは年度当初の学級経営で特に留意したい点です。

○ユニバーサルデザインとは？

　教師が「教科書36ページの問題の4番をやります」と指示すると，「先生，何て言ったの？」と問い返す子どもが低学年の教室にいます。努力してもうまく聞き取れないのです。聴覚的な記憶の箱が小さく，一度に二つの指示（36ページを開く＋4番をやる）が箱の中にうまく入らないイメージです。さて，その子どもに「話を聞いてなさい！」と注意をくり返しても問題は解決しません。むしろ，聞く努力をしてもうまくできない子どもへの注意が繰り返されることになるため，その子どもはしだいに意欲を失うか反発することになります。これは「努力不足」として誤解される「教育ミス」事例の典型です。「できない」要因とその配慮の検討，すなわち，「何に困っているのだろうと見方を変えて，支援を変える」必要があります。

　では，どうすればいいでしょうか？　「教科書36ページの問題の4番をやります」の「一文二動詞」の指示ではなく，「36ページを開きます」「問題4番です」と「一文一動詞」の指示を心がける必要があります。その指示の仕方は，聴覚記憶の箱が小さい子どもには「ないと困る支援」です。しかし，「一文一動詞」の指示には大変メリハリがあり，どの子どもにも聞き取りやすい「あると便利で・役に立つ支援」になるのです。授業づくりにおいて，Aさん，Bさんが「困っている」ことをあらかじめ踏まえて，「どの子どもも学びやすい環境・支援を整える」——これを「ユニバーサルデザイン」といいます[1]。

> ○発達障害等を含む配慮を要する子どもに「ないと困る支援」であり
> ○どの子どもにも「あると便利で・役に立つ支援」を増やす
> ○その結果として，全ての子どもの過ごしやすさと学びやすさが向上する

○授業のユニバーサルデザインの要点[2]

①聴覚的焦点化：子どもが聞く活動を高める

　「長い説明や指示は外国語のようであった」という当事者の声に耳を傾けましょう。実は，私たちにとって聞く活動は決して簡単なことではありません。なぜならば，話し言葉は消えてなくなり，しかも，いつ終わるかが分かりません。そのような話し言葉の理解は注意集中に困難のある子どもにとって容易ではないのです。先に触れた一文一動詞等の配慮はむろんのこと，話し言葉を減らし，話のポイントを焦点化します。

　あわせて，「大事な話をします」等の聞く姿勢をつくる前置きを大事にします。

②視覚的焦点化：子どもが見る活動を高める

　「書き言葉が第一言語で，話し言葉は第二言語」という当事者の有名な言葉の通り，

視覚情報は「ないと困る支援」の象徴です。一方で，私たちも多くの情報を視覚から得ています。書かれたものは全体量や終わりが分かりやすく何度でも確認できます。さらに，色の違い等で焦点化を図りやすいので，どの子どもにも「あると便利で・役に立つ支援」になるのです。しかし，視覚情報は強い故に，使い方を誤るとウォーリーをさがせの感覚になり，本来見てほしい情報が不鮮明になります。そこで，見てほしい情報に焦点化できるように，周りをシンプルにきれいにします。「小さな紙片が黒板の下に落ちていただけで気になっていた…」という当事者の声もあるほどで，きれいな教室・黒板・黒板周りはとても大切です。加えて，視覚情報の活用に際しても「これを見ます」等の前置きの指示を大切にします。

③動作化：子どもが動く活動を大切にする

　多動性の傾向が強い子どもは“動くことが得意で好きな子ども”です。つまり，授業中の何らかの動きは，この子どもたちにとっては「ないと困る」必須の支援です。

　一方で，私達もわずか1時間程の講演でも，睡魔に襲われることがあります。「聞くだけ・見るだけの活動」で子どもの集中力を維持するのは，かなりの困難があります。講演の最中に動ける時間があると眠気が飛ぶように，授業中の何らかの動きは——聴覚・視覚ルートをはるかに凌駕しうる——集中力を高める効果があるのです。音読，グループ学習，ペア活動等はまさに，多動性の強い子どもには「ないと困る支援」の象徴ですが，どの子どもにとっても「あると便利で・役に立つ支援」になるのです。

④複線化：全ての感覚器官を活用する

　通常学級における授業の目標は一つです。それは図の山の頂上です。しかし，そこへの登山ルート（＝学び方）は複数あるのです。その象徴は，小学校の漢字指導の一例である「空書き・指書き・なぞり書き」です。つまり，

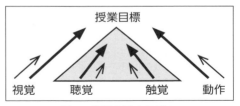

図1　学習の登山モデル

漢字をノートに書いて覚えるだけでなく，自分の指で漢字を空中に書くことで見て覚える視覚ルート，手のひらに指で書いて触覚器官で覚える触覚ルートという複数の登山ルートを示す指導法です。さらには，「1185（いいはこつくろう）鎌倉幕府」と口で唱えて覚える聴覚ルート，あるいは，オノマトペ言葉を実際に動きで表現することで，よりイメージしやすかったり覚えやすかったりする動作ルートもあります。当然，複数のルートを巡るように登る（理解する・覚える）こともあります。

　子どもの得意・不得意（図の→の太さの違い）は様々です。つまり，子どもの学び方・覚え方・イメージの仕方も多様です。筆者はこれを『学習の登山モデル』と名付けました。多感覚ルートを複線的・同時的に提示する方法は，子どもが得意な覚え方・イメージの仕方や表現の仕方に気づいたり，覚える工夫をするきっかけをつくるユニバーサルな支援なのです。

4-4 通級による指導

○「通級による指導」とは

「通級による指導」は，通常の学級に在籍し，障害による学習や生活上の困難さを改善するための特別な教育を必要とする児童生徒のための制度です。この教育を行う場を「通級指導教室」と呼んでいます。学校教育法施行規則では，以下のとおり，各学校種に定められた教育課程にかかわらずに，特別の教育課程によることができると規定されています[1]。

> 第百四十条　小学校，中学校，義務教育学校，高等学校又は中等教育学校において，次の各号のいずれかに該当する児童又は生徒（特別支援学級の児童及び生徒を除く。）のうち当該障害に応じた特別の指導を行う必要があるものを教育する場合には，文部科学大臣が別に定めるところにより，（中略）特別の教育課程によることができる。

ここでいう，「各号のいずれか」の障害とは，言語障害，自閉症，情緒障害，弱視，難聴，学習障害，注意欠陥多動性障害，その他障害のあるもので，この条の規定により特別の教育課程による教育を行うことが適当なものとされています。

特別の教育課程の内容は，次のように規定されています[2]。

> 障害に応じた特別の指導は，障害による学習上又は生活上の困難を改善し，又は克服することを目的とする指導とし，特に必要があるときは，障害の状態に応じて各教科の内容を取り扱いながら行うことができるものとする。

小中学校及び高等学校学習指導要領の総則において，特別支援学校学習指導要領に示されている自立活動の内容を参考として，内容や目標を定めることが明記されています。

指導のための授業時数については，学習障害，及び注意欠陥多動性障害の場合は年間 10 単位時間から 280 単位時間，それ以外の場合は，年間 35 単位時間から 280 単位時間までが標準とされています。日本語の能力に応じた特別な指導が必要な場合にも通級による指導が行われるようになり，その場合もおおむね年間 280 単位時間以内とされています[1][2]。

図1は制度化された平成 5 年度から令和元年度までの通級による指導を受けている児童生徒数の推移です。平成 5 年に比べ，令和元年には約 10 倍まで増加しています。また，通級する児童生徒の中で，言語障害の占める割合が，当初，約 78.8％でしたが，平成 15 年頃からは，ほぼ一定数となり，令和元年には全体の約 30％になっています。通級的な指導は，制度化される以前から主に言語障害特殊学級（「ことばの教室」）などで実施されてきていましたが[3]，その他の障害種が増加したことがわかります。平成

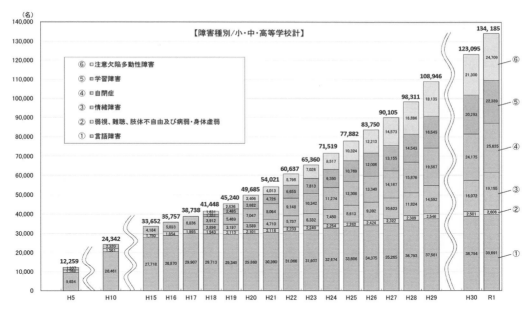

図1　令和元年度通級による指導実施状況調査結果について（文部科学省ＨＰより一部改変）

18年度に，新たに発達障害のある児童生徒も通級の対象とされ，さらに増加を続けています。また，一部の特別支援学校（令和元年度千葉県内では14校）でも，それぞれの専門性から「通級による指導」が行われています。

　なお，平成30年度から高等学校でも通級による指導が行われるようになりました。

○「自校通級」「他校通級」と「巡回による指導」

　通っている学校内に通級できる教室がない場合は，設置されている近隣の学校の教室に通うことになります。このように，他の学校の教室に通う場合を他校通級といいます。校内の教室に通う場合を自校通級と言います。他校通級の場合，保護者が付き添えないため通級ができない場合があります。児童生徒が学校間を移動するのではなく，通級指導を行う教員が，指導を必要とする児童生徒のいる学校へ移動し，必要な指導をすることを「巡回による指導」といいます。

○「通級による指導」は連携による教育

　通級的な指導が「ことばの教室」などで始まって以来，保護者との連携が大切にされてきました。児童生徒にとって，日常の学習や生活上の何らかの困難さについて，保護者や通常の学級の担任，各教科担任等と情報交換を重ね，課題や目標，その解決や達成のための手だてや評価などが共有されていることが必要です。学習指導要領では，効果的な指導が行われるよう，各教科（・科目）等との関連を図るなど，教師間の連携に努めること，個別の教育支援計画や個別の指導計画を作成し，効果的に活用することが求められています。

4-5 特別支援学級における支援

〇皆さんが小・中学生だった頃，校内に特別支援学級はありましたか？　どんな学級
　でしたか？　どんな子どもたちがいて，どんな学習をしていたでしょうか？

〇特別支援学級における教育とは？

　特別支援学級における特別の教育課程について，小学校学習指導要領総則編[1] では
次のように記されています。

> ・障害による<u>学習上又は生活上の困難を克服し自立を図るため</u>，特別支援学校小学部・中学
> 　部学習指導要領第7章に示す<u>自立活動を取り入れること</u>。
> ・児童の障害の程度や学級の実態等を考慮の上，各教科の目標や内容を<u>下学年の教科の目標</u>
> 　<u>や内容に替えたり</u>，各教科を，知的障害者である児童に対する教育を行う<u>特別支援学校の</u>
> 　<u>各教科に替えたり</u>するなどして，実態に応じた教育課程を編成すること。

〇特別支援学級に在籍する子どもたち

　例えば，知的障害特別支援学級には，どのような子どもたちが在籍していると思い
ますか？　1年生から6年生までの幅広い年齢の子どもたちがいます。障害の種類も
様々で，困難さもそれぞれ異なる子どもたちがいます。つまり，学習上の困難さも，
生活上の困難さも様々です。一人一人の実態に応じた課題を個別に学習する形式であ
れば，きちんと実態を把握した上で自立を図る教育を行うことが可能です（下学年の
学習を個別に行ったり，ボタンをはめる練習で手指の巧緻性を高めながら，身辺の自
立を図る課題を行なったりなど）。しかし，学級全体で授業を行う場合には，どのよう
に授業を行えばよいのでしょうか？

〇特別支援学級ならではの授業

　異年齢で発達段階の異なる子どもたちが，特別支援学級の授業で欠かすことができ
ない「興味を持って主体的に取り組み」「成就感を味わうとともに」「自己を肯定的に
捉えることができる内容とは？」，どのようなものがあるでしょうか？
　・例えば，「カレーやさん」
　・通常学級では，家庭科の授業で調理実習として「カレー」を作ります。
　・皆さんは，どのような準備から始めて，どのようにカレーを作りますか？
　・その際，どのような力が必要でしょうか？
　特別支援学級では，家庭科の授業としてでなく，下記のような各教科を合わせた指

導としてカレーを作る活動を行います。

- じゃがいもを育てる。(生活科, 理科)
- カレーに必要な材料について調べる。(家庭科, 情報)
- 材料の買い物に行く。買い物の分担を決める。(家庭科, 特別活動)
- 店の人とやりとりをする。(自立活動：コミュニケーション)
- 買い物のお金の計算をする。(算数)
- カレーの作り方の手順表を作成する。(家庭科)
- 実際に調理する。(家庭科)
- カレーやさんとして校内の先生方をお招きする。(自立活動：コミュニケーション)
- 招待状を作る。レイアウトを考える。招待状を渡すやりとりをする。(図工, 自立活動)
- 「カレーやさん」について感想文を書く。(国語)

　カレーを作ることに子どもたちが「興味を持って主体的に取り組み」, 美味しく作ることができれば「成就感を味わうとともに」, 先生方をおもてなしし喜んでいただければ「自己を肯定的に捉えることができる」わけです。

　それぞれのクラスの実態に応じて, 工夫して様々な授業創りができるところが, 特別支援学級の授業の魅力であり醍醐味です。

〇特別支援学級の子どもたちを主役に～役に立つ自分～

　特別支援学級に在籍している子どもたちが, 自分も役に立てるという気持ちを持つことは, 人格を形成する上で非常に大切なことです。そのためには, 校内支援体制の整備とともに, 通常学級と連携して子どもたちを主役にする試みが有効です。

・例えば, 「紙すき名人」

　情緒障害特別支援学級に在籍するA君は, 通常学級の総合的な学習の時間の授業で活躍しました。学級で指導してくださった方に, 紙すきのメッセージカードを作り送ることになったとき, 情緒障害学級で紙すきを先に習得したA君は, 名人として学級のみんなにやり方を教えたのです。みんなから, ありがとうと言われて, 照れながらも嬉しそうでした。

・例えば, 「お茶でおもてなし」

　学校のお祭りで, 知的障害学級の子ども達が活躍しました。地域の方に茶道を教えていただき所作をマスターし, お祭りでは校内の和室に緋毛氈を敷きおもてなしをし, 校内の友達やお客様に喜んでいただけました。

・例えば, 「クイズ王」

　情緒障害特別支援学級のB君は, 休み時間に大活躍。ロボットにじゃんけんができるようにプロミラングし, 休み時間に校内のみんなに遊び方を教え, 楽しんでもらいました[2]。

4-6 特別支援学校における支援

○特別支援学校とは
①特別支援学校の目的・障害種別・現状など

　特別支援学校は，学校教育法に以下のように規定されています。また，特別支援学校における教育の対象となる障害種として5つの障害種が規定されています。

> 第七十二条　特別支援学校は，視覚障害者，聴覚障害者，知的障害者，肢体不自由又は病弱者（身体虚弱者を含む。以下同じ。）に対して，幼稚園，小学校，中学校又は高等学校に準ずる教育を施すとともに，障害による学習上又は生活上の困難を克服し自立を図るために必要な知識技能を授けることを目的とする

　特別支援学校は，学校教育法の改正に伴い，（平成17年）従来の盲学校，聾学校，養護学校が一元化され名称変更されたものです。設置義務は都道府県にありますが，地方公共団体の設置する学校の他，学校法人による私立の学校もあります。法改正により，盲・聾・養護学校が障害種別に設けられていたのに対して，特別支援学校は障害種別を超えて，複数の障害に対応した教育を行うこともできるようになりました。図のように，5つの障害種別及びこれらの学校の重複障害に対応した学校制度となりました。現在も，地域によっては，盲学校や養護学校，支援学校等の名称も使用されています。

図1　特別支援学校・5つの障害種別 (呼称の例)

　特別支援学校は，障害の程度が比較的重い子どもを対象として教育を行う学校ですが，近年は，知的障害のある障害の軽い生徒を対象とした高等部単独の特別支援学校（高等特別支援学校），分校も設置されるようになりました。ここでは，将来の社会的自立・職業的自立，企業就労を目指す専門学科（職業科），普通科（職業コース）などで教育が行われています。また，早期教育の観点から，盲学校，聾学校では，幼稚部が設置

されていることもあります。障害が重度のため学校に通学が困難な子どもや，病気療養中のため通学が困難な子どもに対して，特別支援学校の教員を家庭や児童福祉施設，医療機関等に派遣する「訪問教育」も行われています。盲学校，聾学校の他，地域によっては寄宿舎を設置している知的障害特別支援学校もあります。

平成30年度の特別支援学校の児童生徒数・学校数の概要は以下のようになります[1]。

表1　特別支援学校の児童生徒数・学校数（平成30年度の状況）

	視覚障害	聴覚障害	知的障害	肢体不自由	病弱・身体虚弱	計
学校数	81	117	781	350	152	1,141
在籍者数	5,315	8,164	130,817	31,676	19,277	143,379
教員数（本務）（兼務）	2,801 311	4,144 372	51,101 3,126	15,181 1,054	3,250 237	76,477 5,100

②対象とする児童生徒

学校教育法第72条において，特別支援学校における教育の対象となる障害種として5つの障害種が規定されています。また，その具体的な障害の程度については，学校教育法第75条において，「第七十二条に規定する視覚障害者，聴覚障害者，知的障害者，肢体不自由者又は病弱者の障害の程度は，政令で定める」旨が規定されており，これを受け，学校教育法施行令第22条の3（以下，令第22条の3）において，学校教育法第75条に規定されている5つの障害の程度が定められています[2]。

令第22条の3は，特別支援学校に就学が可能な障害の程度を示すものです。加えて，従来の就学先決定の仕組みにおいては，これに該当する者が原則として特別支援学校に就学するという「就学基準」としても併せて位置づけられていました。しかし，平成25年の学校教育法施行令の改正により，障害の状態（令第22条の3への該当の有無）に加えて，教育的ニーズ，学校や地域の状況，保護者や専門家の意見等を総合的に勘案して，障害のある子どもの就学先を個別に判断・決定する仕組みに改められました。令第22条の3については，これに該当する者が原則として特別支援学校に入学するという「就学基準」としての機能はもたないことになりますが，特別支援学校に入学可能の障害の程度を示すものとしての機能は有していることを理解しておく必要があります[2]。

特別支援学校では，障害の比較的重い子どもを対象として教育を行う学校です。多様な障害の状態に応じて，その可能性を最大限に伸ばし，自立と社会参加に必要な力を培うために，一人一人の教育的ニーズを把握し，適切な教育を行います。そのため「自立活動」など特別な教育課程，学級編制，教科書，専門的な知識や経験のある教職員の配置，障害に配慮した施設・設備を整えています。

公立特別支援学校（小・中学部）の１学級の基準は６人（重複障害３人），高等部は８人（重複障害３人）と少人数です。学校・学級に配置される教員の数も多く，きめ細かく，丁寧で手厚い教育が行われています。

○障害種に応じた特別支援学校

①特別支援学校（視覚障害）の概要

　以下のような障害のある子どもを対象に設置されています。

> 　両眼の視力がおおむね０．３未満のもの又は視力以外の視機能障害が高度のもののうち，拡大鏡の使用によつても通常の文字，図形等の視覚による認識が不可能又は著しく困難な程度のもの
>
> （学校教育法施行令第22条の3）

　特別支援学校（視覚障害）には，幼稚部，小学部，中学部，高等部を設置することができます。そこでは一貫した教育が行われています。特に，高等部（専攻科を含む）には，普通科のほかに，専門教育を主とする学科として，保健理療科，理療科などが設置されており，特色ある職業教育 が行われています。教育課程は，各教科，道徳（小・中学部），特別活動，外国語活動（小学部）自立活動及び総合的な学習の時間によって編成されています。このうち，各教科，道徳，外国語活動，特別活動及び総合的な学習の時間は，幼稚園・小・中学校又は高等学校に準じて（原則として同一）います。自立活動の指導では，点字や白杖歩行等の学習も行われています[2]。

②特別支援学校（聴覚障害）の概要

　以下のような障害のある子どもを対象に設置されています。

> 　両耳の聴力レベルがおおむね60デシベル以上のもののうち，補聴器等の使用によつても通常の話声を解することが不可能又は著しく困難な程度のもの
>
> （学校教育法施行令第22条の3）

　特別支援学校（聴覚障害）は聴覚障害が比較的重い子どもの教育のために整備された学校で，幼稚部，小学部，中学部及び高等部が置かれ，それぞれ幼稚園，小学校，中学校又は高等学校に準ずる教育を行っています。高等部及び専攻科の専門教育を主とする学科については，「理容・美容に関する学科」「歯科技工に関する学科」などが設けられています[2]。

③特別支援学校（知的障害）の概要

　以下のような障害のある子どもを対象に設置されています。

> 一　知的発達の遅滞があり，他人との意思疎通が困難で日常生活を営むのに頻繁に援助を必要とする程度のもの
> 二　知的発達の遅滞の程度が前号に掲げる程度に達しないもののうち，社会生活への適応が著しく困難なもの
>
> 　　　　　　　　　　　　　　　　　　　　　　　　　（学校教育法施行令第22条の3）

　特別支援学校（知的障害）には，小学部，中学部，高等部が設けられており，高等部には，普通科のほかに「家政」・「農業」・「工業」・「流通・サービス」・「福祉」の職業教育を主とする学科が設けられている学校もあります。子どもの発達段階や経験などを踏まえ，「実生活に結びついた内容」を中心に構成されている所に大きな特徴があります。

　子どもの障害の状態に即した教育を進めるため，各教科，道徳，特別活動及び自立活動のそれぞれの時間を設けて，教科別の指導，領域別の指導，各教科等を合わせた指導をバランス良く組み合わせて教育を行っています。指導を計画し，展開する段階では，学校教育法施行規則第130条に基づき，各教科，道徳，特別活動及び自立活動の全部又は一部について，「合わせて授業」（各教科等を合わせた指導）を行うことも取り入れられています[2]。

④特別支援学校（肢体不自由）の概要

　以下のような障害のある子どもを対象に設置されています。

> 一　肢体不自由の状態が補装具によつても歩行，筆記等日常生活における基本的な動作が不可能又は困難な程度のもの
> 二　肢体不自由の状態が前号に掲げる程度に達しないもののうち，常時の医学的観察指導を必要とする程度のもの
>
> 　　　　　　　　　　　　　　　　　　　　　　　　　（学校教育法施行令第22条の3）

　特別支援学校（肢体不自由）では，小学校，中学校又は高等学校に準じる教育を行っており，子どもの障害に基づく種々の困難を改善・克服するために必要な知識，技能，態度及び習慣を養うことを目標としています。「小学校・中学校・高等学校の各教科を中心とした教育課程」「小学校・中学校・高等学校の下学年（下学部）の各教科を中心とした教育課程」「知的障害特別支援学校の各教科を中心とした教育課程」「自立活動を中心とした教育課程」等，子どもの様子・実態等を考慮し，教育課程を類型化するなど工夫して編成・実践しています[2]。

⑤特別支援学校（病弱）の概要

　以下のような障害のある子どもを対象に設置されています。

> 一　　慢性の呼吸器疾患，腎臓疾患及び神経疾患，悪性新生物その他の疾患の状態が継続して医療又は生活規制を必要とする程度のもの
> 二　　身体虚弱の状態が継続して生活規制を必要とする程度のもの
>
> 　　　　　　　　　　　　　　　　　　　　　　　（学校教育法施行令第 22 条の 3）

　特別支援学校（病弱）は，病院に隣接又は併設されていることが多くみられます。教育課程については，小中学校又は高等学校に準じた各教科等の指導が行われています。小学部，中学部，高等部が設置されていますが，地域によっては，高等部が設置されていない所もあります。そのため，高等学校段階の生徒が入院する場合には，入院した病院で教育を受けることができるかどうか，特別支援学校（病弱）又は都道府県教育委員会等に確認する必要があります。病弱児の治療や病気の種類は，医療の進歩や社会の状況等とともに変化してきています。以前は，喘息や腎炎，ネフローゼ等の子どもの在籍が多かったのですが，近年は，入院の短期化や頻回化が進むとともに，病気の種類として「心身症やうつ病，適応障害」等の「精神疾患」の子どもが多くなっています[2]。

4－7　教科指導

○障害による学習上又は生活上の困難を踏まえた各教科の取扱い

　特別支援学校における各教科の取扱いについては，基本的には以下のように知的障害の有無によって大別されます。

①視覚障害，聴覚障害，肢体不自由，病弱虚弱のある児童生徒（知的障害がない）の場合

　視覚障害，聴覚障害，肢体不自由，病弱虚弱のある児童生徒の場合は，基本的には在籍する当該学校の当該学年の各教科を履修します。また，障害の状態により特に必要がある場合には，後述する特別支援学級における各教科の取扱いと同様に，各教科の各学年の目標や内容に関する事項の一部を取り扱わないことや，各学年の目標や内容の一部又は全部を前学年の目標や内容の一部又は全部に変えることができます。さらに必要がある場合には，中学部の目標や内容を小学部の目標や内容に変えるなど，前学部のものにすることができます。

②知的障害のある児童生徒の場合

　知的障害のある（あるいは他の４つの障害と知的障害を重複する）児童生徒の場合は，知的障害のある児童生徒に対する教育を行う特別支援学校の各教科（以下，知的障害教育の各教科）を履修します。

　知的障害教育の各教科は，知的障害の特徴や学習上の特性を踏まえ，学習内容が生活に結びつくことを重視した目標・内容で構成されています。小・中学校の各教科と目標や内容が異なりますが，新学習指導要領（2017）[1] [5] では，小・中学校の各教科と同様に「資質・能力の３つの柱」に基づいて整理されたことから，学びの場を越えて連続性のあるものとなりました。また，知的障害教育の各教科は，小・中学校とは異なる構成（表１）となっており，学年別ではなく，段階別（小学部は３段階，中学部は２段階，高等部は共通教科が２段階，専門教科が１段階）に内容を示しています。これは対象とする児童生徒の学力などが，同一学年であっても知的障害の状態や経験等が様々であり，個人差が大きいことや，段階を設けて示した方が，個々の児童生徒の実態等に即し，各教科の内容を選択して指導しやすいためです。また，内容の取扱いや指導計画の作成については，児童生徒の知的障害の状態，生活年齢，学習状況，経験等を踏まえ，適切に取扱い，具体的に設定することとしています。

　さらに，これらの各教科を実際に教育課程に位置付け，指導を行う際には，後述する「教科別の指導」や「各教科等を合わせた指導」などの適切な指導の形態を検討し，単元や題材が設定され，授業が行われます。なお，障害の状態により，学習上又は生活上の困難が大きい場合には，「自立活動」を中心とした指導がなされます。

新学習指導要領（2017）[1][5]では，児童生徒の実態が多様化し，連続した多様な学びの場を経てきている状況を鑑み，新たに小学部３段階，中学部２段階など，当該学部の一番上の段階の内容を習得し目標に達成している児童生徒については，特に必要がある場合には，個別の指導計画に基づいて，小・中学校等の各教科の一部を取り入れることができることを規定しました。これらを整理した「重複障害者等に関する教育課程の取扱い」を図１に示します。

表1　知的障害教育の各教科の構成

学　部	各教科の構成
小学部	生活，国語，算数，音楽，図画工作，体育の６教科で構成（外国語活動は必要に応じて設けることができる）
中学部	必修教科は，国語，社会，数学，理科，音楽，美術，保健体育，職業・家庭の８教科で構成（外国語科は必要に応じて設けることができる）
高等部	【各学科に共通する教科】 必修教科は，国語，社会，数学，理科，音楽，美術，保健体育，職業，家庭の９教科で構成（外国語，情報は，必要に応じて設けることができる） 【主として専門教科に開設される教科】 家政，農業，工業，流通・サービス及び福祉の５教科で構成。 【学校設定教科】 特色ある教育課程の編成を行う上で，共通教科，専門教科に示された教科以外の教科を独自に設定することができる。

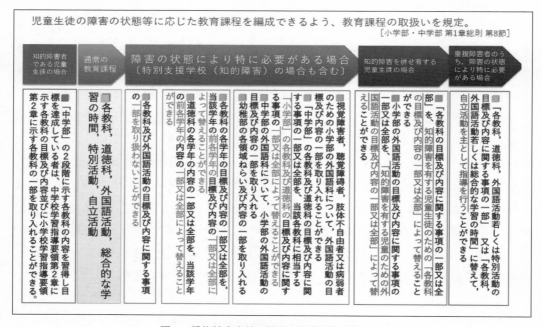

図1　重複障害者等に関する教育課程の取扱い

○指導の形態

　知的障害教育の各教科の指導の形態としては，教科別に指導を行う場合（以下，教科別の指導）と各教科等を合わせて指導する場合（以下，各教科等を合わせた指導）があります。

　特別支援学校学習指導要領解説各教科等編[3) 6)]では，「知的障害のある児童生徒の学習上の特性」として，「学習によって得た知識や技能が断片的になりやすく，実際の生活の場面の中で生かすことが難しい」ことを挙げ，「実際の生活場面に即しながら，繰り返して学習することにより，必要な知識や技能等を身に付けられるようにする継続的，段階的な指導が重要となる」ことなどを示しています。

　また，学習上の特性を踏まえた「知的障害のある児童生徒への教育的対応の基本」として，10項目の留意すべき事項が示されています。その1番目の項目に「児童生徒の知的障害の状態，生活年齢，学習状況や経験等を考慮して教育的ニーズを的確に捉え，育成を目指す資質・能力を明確にし，指導目標を設定するとともに，指導内容のより一層の具体化を図る。」とあります。

　これらのことから知的障害のある児童生徒の学習上の特性や教育的対応の基本を踏まえ，指導内容の一層の具体化を図るために，各教科等を合わせて指導をすることが考えられます。また，各教科の目標及び内容を重視し焦点化する場合は，教科別に指導を行うことが考えられますが，その場合においても，各教科等を合わせた指導と同様に学習上の特性と教育的対応の基本を踏まえることが求められます。

①教科別の指導

　教科別の指導とは，小・中学校等のように時間割の中に各教科の時間を設けて指導することです。その場合，各教科の内容の取扱いや指導計画の作成においては，児童生徒の知的障害の状態，生活年齢，学習状況，経験等を十分に考慮する必要があります。また，知的障害のある児童生徒の学習上の特性を踏まえ，生活的なねらいをもたせ，生活に即した活動を段階的に指導することが大切です。指導計画の作成に当たっては，他の教科，特別の教科道徳，外国語活動，自立活動，及び総合的な学習の時間等との関連，後述する各教科等を合わせた指導との関連を図り，習得したことを実際の生活に役立たせるようにすることが大切です。

　なお，学習集団の編成に当たっては，それぞれの教科の特質や学習活動に応じて効果的に指導を行うことのできる集団構成を工夫し，個に応じた指導を徹底することが必要です。

②各教科等を合わせた指導

　学校教育法施行規則第130条第2項には，「特別支援学校の小学部，中学部又は高等部においては，知的障害者である児童若しくは生徒又は複数の種類の障害を併せ有する児童若しくは生徒を教育する場合において特に必要があるときは，各教科，特別の

教科である道徳，外国語活動，特別活動及び自立活動の全部又は一部について，合わせて授業を行うことができる。」と規定されています。この規定に基づき，知的障害教育においては，教科別の指導のほか，前述した知的障害の学習上の特性や教育的対応の基本等を踏まえ，「日常生活の指導」「遊びの指導」「生活単元学習」「作業学習」などの，各教科等を合わせた指導が実践されています。これらの各教科等を合わせた指導の授業では，児童生徒にとって，より実際的な状況下で具体的かつ必然性のある学習活動が展開されています。

○教科書

　特別支援学校で使用する教科書は次の3つの種類があります。1つ目は小・中学校と同じ文部科学省検定教科書です。2つ目は文部科学省著作教科書で，知的障害がある小・中学部の児童生徒用として，国語，算数・数学，音楽の教科書が作成されています。段階を☆で表していることから，通称「☆本」と呼ばれており，小学部1段階の☆から，中学部2段階の☆☆☆☆まで刊行されています。なお，知的障害者用の文部科学省検定教科書は発行されていません。3つ目は学校教育法附則第9条に基づく教科書（附則9条本）で，各自治体において附則9本の採択一覧を検討し，各校において適切に採択されています。

　いずれの場合においても，児童生徒の知的障害の状態や経験等に即して適切に採択及び使用することが大切です。なお，教科書の具体的な使用においては，適切な教材として，必要な題材やページを活用する，取り扱う内容や指導の順序等を工夫する，素材として捉えて実際化して指導を展開する，指導内容の発展・応用を図る，柔軟かつ弾力的な活用を図る，などの工夫が求められます。

○特別支援学級における特別の教育課程と教科指導

　学校教育法第81条第1項には，幼稚園，小学校，中学校，高等学校等において，障害のある児童生徒等に対し，障害による学習上又は生活上の困難を克服するための教育を行うことが規定されており，全ての学校において特別支援教育の充実が求められています。

　特別支援学級は同第2項に規定される知的障害者，肢体不自由者，身体虚弱者，弱視者，難聴者，その他障害のある者を対象としており，その他の障害のある者には，言語障害者，自閉症者，情緒障害者が該当します。

　特別支援学級は，基本的には小・中学校の学習指導要領に沿って教育が行われますが，通常の学級における指導では十分に指導の効果を上げることが難しい場合に，児童生徒の実態に応じて，特別支援学校小・中学部学習指導要領[1]を参考とした「特別の教育課程」を編成して教育を行うことができるようになっています。なお，特別の教育

を編成する場合においても，学校教育法に定める小・中学校の目的・目標を達成するものでなければならないことに留意する必要があります。

　小学校学習指導要領[7]では，「第1章 総則 第4節 児童の発達の支援 2.特別な配慮を必要とする児童への指導（1）障害のある児童などへの指導」において，特別支援学級で編成される「特別の教育課程」に関する基本的な考え方について，下記のように示しています。

イ　特別支援学級において実施する特別の教育課程については，次のとおり編成するものとする。
（ア）　障害による学習上又は生活上の困難を克服し自立を図るため，特別支援学校小学部・中学部学習指導要領第7章に示す自立活動を取り入れること。
（イ）　児童の障害の程度や学級の実態等を考慮の上，各教科の目標や内容を下学年の目標や内容に替えたり，各教科を，知的障害者である児童生徒に対する特別支援学校の各教科に替えたりするなどして，実態に応じた教育課程を編成すること。

　すなわち，教育課程上に「自立活動」を位置付けることと「各教科」の目標及び内容の取扱いを工夫することが「特別の教育課程」のポイントと言えます。

特別の教育課程における各教科の目標や内容の取扱いは，在籍する児童の実態を踏まえて大まかに下記の3つの段階が考えられます。

①当該学年の目標及び内容を取り扱う場合

　特別支援学級において環境設定や人的・物的な支援の工夫によって，対象児童が当該学年の目標及び内容での学習が可能かどうかを検討します。その際には，指導の手立てを工夫するほか，児童の障害の状態や困難性を踏まえ，目標や内容の一部を取り扱わないことや，児童の学習状況，指導内容の特性等を踏まえ，単元等における時数配当を増やす，あるいは減らすなどについて検討し，適切に指導計画を作成することが求められます。なお，その際には交流及び共同学習を実施する教科や単元について指導計画の調整を図るなど，交流する通常の学級との連携を図り，組織的・計画的な取組を進める必要があります。

②下学年の目標及び内容を取り扱う場合

　当該学年の目標及び内容での学習が難しい場合には，各教科の目標・内容の一部又は全部を下学年のものに替えて対応することが考えられます。下学年の目標及び内容を取り扱うことは，一部の教科において行う場合や多くの教科において行う場合がありますが，例えば児童の学習上の困難が「国語科」など特定の教科において見られる場合などには，他の教科における指導内容の理解に影響を与えることも考えられるため，この場合においても児童の学習状況，指導内容の特性等を踏まえ，教科や単元等における時数配当を増やす，あるいは減らすなどについて検討し，適切に指導計画を

作成することが求められます。なお，交流及び共同学習においても，学習活動の中で
ねらう特別支援学級に在籍する児童が履修する学年の教科の目標を十分に検討する必
要があります。

③知的障害教育の各教科の目標及び内容を取り扱う場合

　知的障害がある場合など，下学年の目標及び内容での学習が難しい場合には，知的
障害教育の各教科を取り扱うことが考えられます。その場合，特に必要がある場合には，
前述した「各教科等を合わせた指導」を行うなど，児童の学習上の特性を踏まえた指
導の形態の工夫が求められます。

　指導計画の作成や交流及び共同学習の実施における留意事項については，当該学年
や下学年の目標及び内容を取り扱う場合と同様ですが，知的障害の状態等を踏まえて
十分に検討することが必要です。また，「生活単元学習」など，各教科等を合わせた指
導を行う場合においては，学習活動の結果，児童が身についたことについて各教科の
目標及び内容を踏まえて学習評価を行う点にも留意する必要があります。

　なお，これらの各教科の取扱いについては，自立活動で取り上げる具体的な内容と
関連付けるなどして，教育課程全体を通して適切な指導及び必要な支援の充実に努め
ていく必要があります。また，各授業においては，グループ別学習や個別学習といっ
た学習形態の工夫等により，小学校の目的及び目標の達成を目指すことに留意する必
要があります。

　特別の教育課程の編成においては，まずは児童の一人一人の適切な実態把握が大切
であり，本人の願いを踏まえつつ「十分な教育」を目指すことが求められます。具体
的には個別の指導計画及び個別の教育支援計画の作成と活用により，適切な指導及び
必要な支援の充実を図り，関係者間をつなぐことが重要です。また，これらの個別の
諸計画の評価を教育課程の改善に反映することによって，カリキュラム・マネジメン
トの促進につなげることが大切です。

　なお，各教科の取扱いを含む，特別の教育課程の実施にあたっては，保護者に説明
し理解を得ることが大切であり，個別の指導計画や個別の教育支援計画の作成及び評
価においても，保護者や通常の学級の担任等との連携・協働を進め，教育活動の改善・
充実を図っていくことが求められます。

4-8 特別な教育的ニーズと自立活動

○自立活動とは

昭和46年の学習指導要領の改訂で，「養護・訓練」という領域が盲学校，聾学校，養護学校の教育課程に設けられました。この領域の名称は，平成11年に，「自立活動」と改められました。「自立活動」は，一人一人の子どもの特別な教育的ニーズに対応するために，教育課程上きわめて重要な領域です。

○自立活動の目標

自立活動の目標は，学習指導要領において，次のように示されています[1]。

> 個々の児童又は生徒が自立を目指し，障害による学習上又は生活上の困難を主体的に改善・克服するために必要な知識，技能，態度及び習慣を養い，もって心身の調和的発達の基盤を培う。

このように，自立活動は，子どもの自立という長期的視点に立ち，特別な教育的ニーズに対応する指導・支援を通じて，学習上及び生活上の様々な困難を主体的に改善し克服していくために必要な知識，技能，態度，習慣を育成し，心身の調和的な発達を促すことをねらいとしています。

○自立活動の内容

自立活動の内容は，以下のように，6つの区分のもとに，27項目が示されています[1]。

> **1　健康の保持**
> （1）生活のリズムや生活習慣の形成に関すること。
> （2）病気の状態の理解と生活管理に関すること。
> （3）身体各部の状態の理解と養護に関すること。
> （4）障害の特性の理解と生活環境の調整に関すること。
> （5）健康状態の維持・改善に関すること。
> **2　心理的な安定**
> （1）情緒の安定に関すること。
> （2）状況の理解と変化への対応に関すること。
> （3）障害による学習上又は生活上の困難を改善・克服する意欲に関すること。
> **3　人間関係の形成**
> （1）他者とのかかわりの基礎に関すること。
> （2）他者の意図や感情の理解に関すること。
> （3）自己の理解と行動の調整に関すること。

○子どもの特別な教育的ニーズと自立活動の指導

　自立活動の指導に当たっては，学習指導要領に示されているように，上記の自立活動の内容から，一人一人の子どもの特別な教育的ニーズに対応するために必要な項目を選び，相互に関連づけて具体的な指導・支援の内容を設定することが大切であり（小学部・中学部学習指導要領第7章第3の1），各教科等との関連についても十分に考慮する必要があります（小学部・中学部学習指導要領第7章第3の2の（5））[1]。

　子どもが興味をもって主体的に取り組み，成就感や自己肯定感を得られるような指導内容を取り上げることも大切です（小学部・中学部学習指導要領第7章第3の2の（3）のア）[1]。

　特別な教育的ニーズの内容によっては，適切な対応を行うために医療や心理学等の様々な分野の専門家との連携も重要となります（小学部・中学部学習指導要領第7章第3の6）[1]。

○自立活動の指導の具体的な取組

　自立活動の指導は，一人一人の子どもの実態把握を踏まえて取組が行われるものであり，障害種別で取組が行われるものではありませんが，自立活動の取組についての具体的なイメージをもちやすくするために，以下に取組の例を示しておくこととしま

す。以下の記述における括弧内の番号は、「自立活動の内容」における関連する区分・項目を示しています[1]。

○視覚障害のある子どもの取組例

　視覚障害のある子どもの場合，安全に目的地に移動するための技術を身につけることは重要であり，白杖を操作する技術を習得するための取組や，安全に移動できるように他者に誘導を依頼する方法などを身につけるための取組が行われることがあります（5（4））。

　白杖を用いて移動する際には，白杖を通して得られる点字ブロックや路面に関する情報や環境音，におい，皮膚に感じる温度など，様々な感覚を通して得られる情報を活用して，自分の日常生活に必要な情報や行動の手掛かりを認識して，適切な判断を行えるような力を身につけるための取組が行われます（4（4），4（5））。

　また，日常生活における基本的な運動・動作を見て模倣して習得することが困難であるため，口頭で説明したり，手を添えて指導したりして，適切な姿勢や基本的な運動・動作を習得するための取組が行われる場合があります（5（1），5（3））。

　コミュニケーションに関しては，相手の声のトーンや，声の響き等から，場や状況に応じた話し方を身につけるための取組が行われる場合があります（6（5））。

　弱視の子どもの場合には，自分の視機能の状態について理解し，現在の視覚の機能を活用するための文字サイズや明るさなどの環境条件を理解するための取組が行われることがあります（1（3），1（4），4（1），4（2））。また，拡大読書器やタブレット型端末などの補助的手段を効果的に活用できるようになるための取組が行われることがあります（4（3））。

○聴覚障害のある子どもの取組例

　自分の聞こえの状態を理解し，補聴器などにより保有している聴力を十分に活用するための取組が行われることがあります（4（1），4（3））。

　また，手話，指文字，キュード・スピーチ，口話などのそれぞれのコミュニケーション方法の利点や特徴について理解し，聴覚以外の感覚を活用して，他者とコミュニケーションをとっていく方法を身につける取組が行われる場合があります（6（2），6（4））。

　聴覚障害のある子どもの場合，音声表現の明瞭度は様々であるため，手話や指文字など，子どもの音声表現の状態に応じて，自分の意思を表出できるように意思の表現手段の活用について取組が行われることがあります（6（4））。

　さらに，日常生活を送る上で必要となる様々なルールの理解や暗黙の了解などについて理解が十分でない場合には，具体的な生活場面を想定して，それらの理解を促すための取組が行われることがあります（3（4））。

○言語障害のある子どもの取組例

　言葉の発達に遅れがある子どもの場合には，子どもが関心を示す様々な活動を通して，語彙を増やす取組を行うことや，他者とやりとりをする経験を積み重ねることを通じて，言葉を使って他者とやりとりする楽しさを感じてもらい，言葉によるやりとりに自信を持ってもらう取組などが行われる場合があります（6（1））。

　また，言葉を話すための様々な口形を作ったり，声を出したりするための口や喉の周辺の運動を調節する力を高める取組を行うことや，自分の発音がどのようになっているかを理解して適切な発音ができるようになるための取組が行われる場合があります（6（2））。

○知的障害のある子どもの取組例

　他者とうまくコミュニケーションがとれない子どもの場合には，自分の気持ちや意思を表現するために，絵カード，写真カード，ジェスチャー，サイン，コミュニケーション支援機器等を用いて他者とやりとりできるようになるための取組が行われます（6（1），6（4））。

　細かなコントールが必要な運動・動作が苦手であったり，動作の模倣がうまくできなかったりするなど，運動・動作に課題のある子どもたちは多くみられます。これらの運動・動作の困難を改善するための取組が行われる場合があります（5（1），5（3），5（5））。

　また，日常生活における運動量が少ないために肥満になる子どもたちもいるため，適度の運動を行うことや適切な食生活となるように，健康によい生活習慣を身につけるための取組が行われる場合があります（1（5））。

○肢体不自由のある子どもの取組例

　一人一人の子どもの運動・動作の困難の状態に応じた動作の習得や改善のための取組が行われます。例えば，全身の緊張を弛めるための学習や自分の身体を適切にコントロールするための学習が行われることがあります（5（1），5（3））。

　子どもの日常生活における困難の状態に応じて，座位安定のためのいすや安定した姿勢で学習に取り組むための机，手指の動作に困難があっても利用できるように工夫された筆記用具などの補助的手段の活用に関する取組が行われることがあります（5（2），5（5））。

　また，歩行器を用いた移動や車いすを利用した移動など，日常生活に役立つ移動手段を活用できるようになるための取組が行われる場合があります（5（4））。

　意思の表出に困難がある子どもの場合には，発声発語機能の改善を図る取組や，絵カードやサイン，コミュニケーション支援機器等の補助的手段を活用して意思を表現

するための取組が行われることがあります（6（2），6（4））。

　認知に困難がある場合には，自分の認知の特性を理解し，日常生活や学習活動場面でどのようにその困難をカバーするかを学習するための取組が行われることがあります（4（2））。

　障害が重度で重複している場合には，意思を表出するための取組や，表情・身振りなどから子どもの意思を理解するための取組が行われることがあります（6（1），6（4））。

○病弱の子どもの取組例

　病気の特性について理解し，自分の健康をできるだけ良好な状態に保つために必要な生活習慣や健康管理の習慣を形成していくための取組が行われる場合があります（1（2））。

　ぜんそくやてんかんなど，発作を伴う疾患の場合には，日常生活において発作を起こす要因をいかに取り除いていくかを理解するための取組が行われる場合があります（1（2））。

　進行性の疾患では，将来に希望がもてなかったり，不安になったりすることがあるため，心理面の安定や意欲の向上のための取組が行われる場合があります（2（1），2（3））。

　筋ジストロフィー症など運動・動作面で困難のある疾患の場合には，関節の拘縮（こうしゅく）や変形の予防のため取組，電動車いすなどの日常生活における移動手段の活用に関する取組が行われることがあります（5（1），5（2），5（4））。

　障害が重度で重複している子どもの場合には，意思の表出手段の検討や意思の読み取りに関する取組が行われることがあります（6（1），6（4））。

○自閉症スペクトラムの子どもの取組例

　スケジュールが変更になったり学校行事が行われたりすることにより心理的に不安定になる子どもの場合には，予定が変更になった場合にどのように行動したら良いかを学ぶための取組や，自分が落ち着ける場所に移動して自分の興奮を鎮めることなどの対処の方法を学ぶための取組が行われることがあります（2（1），2（2））。

　聴覚過敏や触覚過敏がある子どもの場合には，自分の感覚過敏の特性を理解して，不快な音や感触を自ら避けることや，少しずつそれらの刺激を受け入れられるようになるための取組が行われることがあります（4（2））。

　他者からの指示や活動の手順が理解できないために心理的に不安定になる子どもの場合には，指示の意味や活動の手順などを視覚的にわかりやすく表現して，心理的に混乱しないで活動できるようになるための取組が行われることがあります（4（4），4（5））。

　言葉によるコミュニケーションが困難な子どもの場合には，身振り，絵カード，コミュ

ニケーション支援機器等を活用して意思を表現する取組が行われることがあります（6
(4)）。

　また，場面に応じた適切なやりとりが難しい子どもの場合には，日常生活の具体的
な場面を想定して，その場にふさわしい意思の表現方法や他者との関わり方を身につ
けるための取組が行われることがあります（3 (2)，6 (1)，6 (5)）。

〇学習障害の子どもの取組例

　得意な面と不得意な面の差が大きい子どもの場合，自分の長所と短所を客観的に捉
えて，得意な面で不得意な面を補ったり自分の特徴に合った方略を工夫したりして，
様々な活動を行うことができる力を身につけるための取組が行われることがあります
（1 (4)）。

　学習がうまくいかなかった経験から自分に自信を持てない子どもの場合には，興味・
関心をもてる活動を通して達成感を積み重ねたり，自分のもっている長所を自覚した
りするための取組が行われることがあります（2 (1)，2 (3)）。

　視知覚に困難がある場合には，子どもの認知特性に合った学習方法を工夫して，図
形や文字の形を認識したり書字活動に結びつけたりする取組が行われることがありま
す（4 (2)）。

　読み書きに困難がある子どもの場合には，日常生活でタブレット型端末を利用して
自分の不得意な面をカバーすることや，他者との会話でわからない状況になった場合
には，教えてもらう方法などを習得するための取組が行われることがあります（6 (3)，
6 (4)，6 (5)）。

〇ＡＤＨＤの子どもの取組例

　注意の集中や注意の持続が困難な子どもの場合には，興味・関心のある様々な活動
を通して，自分に合った注意集中の仕方や学習への取組み方を習得できるようにする
ための取組が行われることがあります（4 (2)）。

　また，衝動を抑えることが難しい子どもの場合には，具体的な場面を想定して，自
分の状態を客観的に捉えて，そのような状態になった場合に自分はどのように行動す
ればよいのかを学ぶための取組が行われることがあります（3 (3)，4 (2)，4 (5)）。

　注意の集中が必要となる目と手の協応動作や手指の細かな動作を行うことが困難で
ある子どもの場合には，これらの運動・動作を適切に行えるようになるための取組が
行われることがあります（4 (4)，5 (5)）。

〇特別な教育的ニーズのある子どもの指導・支援における自立活動の重要性

　以上，自立活動の取組の例を示してきましたが，自立活動は様々な困難のある子ど

もたちの指導・支援に対応できる幅広い内容を含んでいる領域であるということができます。

　自立活動は，わが国の障害等による学習上・生活上の困難のある子どもたちの指導・支援を行う教育課程上の重要な領域であるとともに，わが国の特色ある取組であるということができます。これまでの自立活動の実践の蓄積を生かして，さらに今後の様々な困難を抱えた子どもたちの指導・支援の充実に取り組んでいくことが求められます。

4-9　各教科等を合わせた指導

4-9-1　日常生活の指導

○日常生活の指導とは？

　『特別支援学校学習指導要領解説　各教科等編（小学部・中学部）』（文部科学省，2018年）[1]には，日常生活の指導について次のように述べられています。

> 　日常生活の指導は，児童生徒の日常生活が充実し，高まるように日常生活の諸活動について，知的障害の状態，生活年齢，学習状況や経験等を踏まえながら計画的に指導するものである。
> 　日常生活の指導は，生活科を中心として，特別活動の〔学級活動〕など広範囲に，各教科等の内容が扱われる。それらは，例えば，衣服の着脱，洗面，手洗い，排泄，食事，清潔など基本的生活習慣の内容や，あいさつ，言葉遣い，礼儀作法，時間を守ること，きまりを守ることなどの日常生活や社会生活において，習慣的に繰り返される，必要で基本的な内容である。

○日常生活の諸活動を指導する

　以上の記述には，日常生活の指導の目的・目標，指導内容が述べられています。

　日常生活の指導の目的・目標に当たるのは，「児童生徒の日常生活が充実し，高まるように」というところです。日常生活，つまり日々の生活が充実し，高まるように行う指導が，日常生活の指導の指導です。

　日常生活の指導では，日々繰り返される習慣的な活動を，指導内容とします。その内容は，「衣服の着脱，洗面，手洗い，排泄，食事，清潔など基本的生活習慣の内容や，あいさつ，言葉遣い，礼儀作法，時間を守ること，きまりを守ることなどの日常生活や社会生活において，習慣的に繰り返される，必要で基本的な内容」とされています。これらを具体的に学校生活の流れで考えてみますと，日常生活の指導は，たとえば次のような活動で指導されます。

　登校，靴の履き替え，荷物の整理，提出物の提出，着替え，トイレ，係の仕事，朝の会，朝の運動，手洗い，昼食，歯磨き，昼休み，掃除，帰りの会，下校など。これらはいずれも毎日繰り返される活動です。一つひとつの活動は決してたくさんの時間を使うものではありませんが，一日の生活の中で大切な役割を担っていて，その一つひとつがスムーズに行えれば，日常生活は確かに充実し，高まります。

　これらの内容は，身辺処理にかかわる内容（着替え，トイレなど），生活習慣にかかわる内容（係の仕事，朝の会など）に大まかに分けることができます。また，通常の教育では，これらの多くは，特別活動として指導されますが，知的障害教育では，他の各教科等の内容も豊かに含む，各教科等を合わせた指導として指導しています。

○繰り返しての指導

　日常生活の指導は，一つひとつの活動の指導時間は多くはありませんが，毎日繰り返して指導できるところに強みがあります。前述のように，日常生活の指導の内容は，そもそも毎日繰り返される活動なのですから，その場その場で指導をしていけば，毎日の繰り返しの指導ができるのです。毎日繰り返し指導を行うということは，子どもにとっては継続的に学べるというメリットになります。せっかく学んだことでも日を置いてしまうと忘れてしまうということは私たちも経験することです。でも毎日繰り返していれば，前日学んだことをまた行えますし，さらに力を高めることもできます。堅苦しい言葉で言えば，学習の習得，定着，発展を図りやすくすることになります。

　そして，子どもの生活という目線で考えれば，日々繰り返される日常生活の諸活動に，いつも教師の適切な指導・支援があり，スムーズに安心して生活できるという良さもあります。

　教師も，繰り返しの指導により，その日の指導成果を，翌日にすぐにつなげることができます。逆に，その日の指導がうまくいかなかった場合も，翌日には授業改善をしてリベンジできます。また，毎日の継続の中で，スモールステップの段階的な指導もしやすくなります。

○基本的な内容

　日常生活の指導は，生活する上での「基本的な内容」といわれています。この意味を考えてみましょう。確かに，日常生活の指導の内容である，着替えや排泄，食事などは，人が生活する上で必要不可欠な基本的な内容です。これらの力は，幼児の頃から必要とされ，成人になっても必要な力です。これらを学校生活においてしっかり身につけていくことが，日常生活の指導の大切な役割の1つです。

　さらに踏み込んで考えますと，日常生活の指導の内容は，単に能力として基本的であるばかりでなく，人がよりよく生きていく上でも基本的な内容になっていると思います。私たちも，毎日当たり前のようにしていることでつまずくと，そのことが一日の生活に影を落としてしまうことはないでしょうか。たとえば，朝食をとる時間がなかったとか，通学や通勤の途中に靴紐がほどけてしまったとか，ちょっとしたつまずきが生活全体に影響を及ぼしてしまいます。

　その意味でも，日常生活の指導で取り扱う諸活動は，生活の基本ということができるのではないでしょうか。実際の指導においても，朝の着替えがスムーズだとその後の授業にもスムーズに取り組めるということがあります。また逆にその日の授業が楽しみだと，朝の着替えもスムーズになるということもあります。日常生活の指導の内容は一つひとつは小さな活動ですが，生活を豊かにする上では不可欠な活動なのです。

○遊びの指導とは？

『特別支援学校学習指導要領解説　各教科等編（小学部・中学部）』（文部科学省，2018年）[1]には，遊びの指導について次のように述べられています。

> 遊びの指導は，主に小学部段階において，遊びを学習活動の中心に据えて取り組み，身体活動を活発にし，仲間とのかかわりを促し，意欲的な活動を育み，心身の発達を促していくものである。
>
> 特に小学部の就学直後をはじめとする低学年においては，幼稚部等における学習との関連性や発展性を考慮する上でも効果的な指導の形態となる場合がみられ，義務教育段階を円滑にスタートさせる上でも計画的に位置付ける工夫が考えられる。
>
> 遊びの指導では，生活科の内容をはじめ，体育科など各教科等に関わる広範囲の内容が扱われ，場や遊具等が限定されることなく，児童が比較的自由に取り組むものから，期間や時間設定，題材や集団構成などに一定の条件を設定し活動するといった比較的制約性が高い遊びまで連続的に設定される。
>
> また，遊びの指導の成果を各教科別の指導につながるようにすることや，諸活動に向き合う意欲，学習面，生活面の基盤となるよう，計画的な指導を行うことが大切である。

○遊びを学習活動の中心に

　遊びの指導では，「遊びを学習活動の中心に据えて取り組み」というところが大事です。

　遊びを学習活動として取り入れることは，通常の教育でも効果的な方法となることがあります。たとえば，国語の時間にカルタ遊びをして言葉や文字を覚えるなどです。小学校低学年の授業では，算数や体育などでも遊びを取り入れることがあります。これらの場合，それぞれの教科の学習をより楽しくできるように等の理由で行われます。ですから，遊び自体は決して中心ではなく，授業時間の中でも教科の目標を達成するための様々なアプローチの1つとなります。

　それに対して，遊びの指導では，遊びそのものを学習活動の中心に据えます。いわば，遊ぶこと自体が，教育として大事だということになります。そして，その遊びの中に各教科等の豊かな内容が含まれ，それらの内容を実際的・総合的に学習できるのです。同様の考え方は，幼稚園や保育所における遊びにも見られます。幼稚園や保育所でも，遊びを教育や保育の中心として取り組み，思いっきり遊ぶ中に，幼稚園教育要領や保育所保育指針に示す各領域の内容が，豊かに含まれていると考えられます。

　遊びを学習活動の中心とすることから，遊びの指導は小学部段階での効果的な指導と言えます。上記引用でも「主に小学部段階において」とされ，説明では対象を「児童」

と限定しています。中学部や高等部の生徒も遊んでよいのでが，その場合，学習活動の中心になるほどの遊びは青年期の生活として望ましくないですし，遊ぶ場合も青年らしく「レクリエーション」等に意味づけ，特別活動や生活単元学習などで取り上げることが望ましいでしょう。

○遊びの指導は多様

「児童が比較的自由に取り組むものから，期間や時間設定，題材や集団構成などに一定の条件を設定し活動するといった比較的制約性が高い遊びまで連続的に設定される」とあるように，遊びの指導には多様な取り組み方があります。自由度の高い指導の形態と言えます。

幼児教育や保育での遊びにも，自由保育と設定保育がありますが，それによく似た多様性があります。たとえば，特別支援学校小学部で，登校後，朝の会が始まるまでの朝のひとときに自由に遊んでいることがあります。これも遊びの指導として位置付けることができます。この場合，幼稚園や保育所での朝の自由遊びと同じ形での展開例です。また，「すべり台広場で遊ぼう」のように時期ごとにテーマを設定して遊び込む場合もあります。この方法では単元化を図り，学校生活の中心に遊びを位置付け，遊びを中心にまとまりのある生活や学習が展開できます。幼稚園や保育所では，設定保育の中でこのような取組をしています。

遊びの指導では，一定のテーマを定めて単元化した場合でも，テーマに沿った多様な遊びを用意することで自由度の高い遊びを展開することができます。これは設定遊びのよさ（みんなで共有できるテーマ性）と自由遊びのよさ（自由に遊べる）の両方を満たした展開になります。このような遊びの指導は，生活単元学習の方法を生かしたものです。

○遊びを深め，広げる

遊びの指導には，「生活科の内容をはじめ，体育科など各教科等に関わる広範囲の内容が扱われ」と言われるように，豊かな学習内容が含まれます。年間を通して，あるいは単元の中でも，様々な遊びを用意することで，より豊かな学習内容を用意できます。その中で，子どもが好きな遊びを見つけ，それに没頭していくことで，遊びに含まれる学習内容を深く学ぶことができます。そうして，そこから自然に遊びに広がりが生まれます。

遊びの広がりは，1つの遊びに様々な工夫をする姿，1つの遊びを他の遊びとつなげて楽しむ姿，新しい遊びに挑戦する姿，など多様です。こうして，遊びを通して，実際的・総合的な学びをしていきます。遊びを深め，広げることで，「身体活動を活発にし，仲間とのかかわりを促し，意欲的な活動を育み，心身の発達を促していく」ことが実現

します。

　また，そのような深まり，広がりは，遊びの指導以外の学習への広がり，中学部以降の学習への発展にもつながります。そのような学びは，遊びが本物であればこそ実現できます。本物の遊びを，思いっきり遊び込むことに，遊びの指導の本当の力があります。

4-9-3　生活単元学習

　『特別支援学校学習指導要領解説　各教科等編（小学部・中学部）』（文部科学省，2018年）[1]には，生活単元学習について次のように述べられています。

> 　生活単元学習は，児童生徒が生活上の目標を達成したり，課題を解決したりするために，一連の活動を組織的・体系的に経験することによって，自立や社会参加のために必要な事柄を実際的・総合的に学習するものである。
> 　生活単元学習では，広範囲に各教科等の目標や内容が扱われる。
> 　生活単元学習の指導では，児童生徒の学習活動は，実際の生活上の目標や課題に沿って指導目標や指導内容を組織されることが大切である。
> 　また，小学部において，児童の知的障害の状態等に応じ，遊びを取り入れたり，作業的な指導内容を取り入れたりして，生活単元学習を展開している学校がある。どちらの場合でも，個々の児童生徒の自立と社会参加を視野に入れ，個別の指導計画に基づき，計画・実施することが大切である。

○生活上の目標達成，課題解決

　生活単元学習は，各教科等を合わせた指導の代表ともいうべき指導の形態です。ジョン・デューイの経験主義教育等を源流にもつ学習で，実際的な生活を通して，生きる力を身についていくのが生活単元学習です。生活単元学習の目的・目標は，「児童生徒が生活上の目標を達成したり，課題を解決したりするために」です。一定期間，子どもが生活上の目標や課題をもって，それらに即した活動に取り組む過程，それが生活単元学習です。

　では，生活上の目標や課題とはどんなものを指すのでしょう。私たちは，日々の生活の中で，「今日はこれをやろう」「今日はこれをがんばらなくちゃ」「今日はこれが楽しみ」という思いで一日をスタートします。こういう思いがあると，やりがいと手応えをもって，一日の生活を過ごせます。しかも，そういう思いが数週間ほど続けば，まとまりのある生活になります。生活単元学習でいうところの生活上の目標や課題というのは，まさにこのようなものをさします。生活のテーマとも言われています。や

りがいと手応えのあるテーマは，その時期の生活を主体的でまとまりのある生活にします。

　やりがいと手応えのあるテーマに沿った生活に，子どもも教師も，思いを共にし，活動を共にし，思いっきり取り組む，それが生活単元学習です。

　生活のテーマは，実に多様ですが，それぞれのライフステージによって定まってくるものもあります。たとえば，小学部段階では，子どもの生活の中心は遊びです。ですから，遊びをテーマにした生活単元学習はとても魅力的です。いっぽう小学部高学年や中学部以降になれば，働いたり，ものづくりをしたりという青年らしい取組が多くなります。それぞれのライフステージに応じて，テーマを定め，活動を計画することになります。

○自立や社会参加のために必要な事柄を学ぶ

　「自立や社会参加のために必要な事柄」というのは，学習指導要領で考えれば，各教科等全体を指します。特別支援学校学習指導要領に示されている知的障害教育の各教科等は，生活に必要な力，生活を豊かにする力を教科等別に整理したものです。ですから，生活単元学習で，テーマに沿った本物の生活には，「広範囲に各教科等の目標や内容が扱われる」とあるように，各教科等の内容が豊かに，しかも必然的に含まれます。テーマに沿った本物の生活に取り組むことで，各教科等の内容を，実際的・総合的に学習できます。

○実際的・総合的な学び

　生活単元学習では，「自立や社会参加のために必要な事柄を実際的・総合的に学習する」とされています。ここで言われている「実際的・総合的に学習する」ということの意味を考えてみましょう。

　実際的に学習する，というのは，「自立や社会参加のために必要な事柄」＝各教科等の内容を意味のある形で，実際の生活で使う場面で身につけられるということを意味します。知的障害のある子どもの学習上の特性として，学んだ知識や技能が断片的になり，生活に生かしにくいということが，特別支援学校学習指導要領解説等で言われています。断片的になる，つまりバラバラになっていて，実際にその力が必要な場面と結びつけて力を発揮することが苦手なのです。そこで，生活単元学習で，本物の生活に取り組む過程で，その力を発揮し，確かにしていくことが有効とされるのです。本物の生活の中で身につけた力は，確かな力として生活の中で生かしていけます。

　しかし，そうは言っても，力を身につけていなければ発揮もできないはずです。ではどうしたらよいでしょうか。そこで，子どもたちに「できる状況づくり」をするのが教師の仕事になります。「できる状況」とは「精いっぱい取り組める状況と首尾よく成し遂げられる状況」を指します。「できる状況づくり」の下で，子どもは今ある力を

存分に発揮し，その力の発揮を積み重ねてより良くできるようになっていきます。

　総合的に学習する，というのは，様々な各教科等の内容を学ぶということで，生活のテーマに沿った活動には多様な各教科等が，分かちがたく自然な形で含まれています。テーマに沿った活動を成し遂げていく過程で，それらの内容をまとまりのある形で，自然に学べるのです。こうして，生活単元学習を通して，子どもたちは「自立や社会参加のために必要な事柄」を豊かに身につけていきます。

4-9-4　作業学習

○作業学習とは

　作業学習は，生活単元学習等と並ぶ「各教科等を合わせた指導」のひとつで，知的障害教育の代表的な指導の形態です。多くの中学校特別支援学級や特別支援学校の中・高等部で取り組まれています。新学習指導要領解説において，「作業学習は，作業活動を中心にしながら，児童生徒の働く意欲を培い，将来の職業生活や社会自立に必要な事柄を総合的に学習するものである。とりわけ，作業学習の成果を直接，児童生徒の将来の進路等に直結させることよりも，児童生徒の働く意欲を培いながら，将来の職業生活や社会自立に向けて基盤となる資質・能力を育むことができるようにしていくことが重要である。」[1] と述べられています。現場実習先や進路先の事業所等からの指摘を受けて「報告・連絡・相談」の指導を強調したり，技術の追求に終始したりする作業学習ではなく，生徒達の働く意欲を重視し，卒業後の職業生活・社会生活に自然に繋がる作業学習を目指すものと受け止めたいものです。

　また，新学習指導要領解説において，作業学習の指導に当たっての考慮事項が6点示されています。

（ア）児童生徒にとって教育的価値の高い作業活動等を含み，それらの活動に取り組む意義や価値に触れ，喜びや完成の成就感が味わえること。

（イ）地域性に立脚した特色をもつとともに，社会の変化やニーズ等にも対応した永続性や教育的価値のある作業種を選定すること。

（ウ）個々の児童生徒の実態に応じた教育的ニーズを分析した上で，段階的な指導ができるものであること。

（エ）知的障害の状態等が多様な児童生徒が，相互の役割等を意識しながら協働して取り組める作業活動を含んでいること。

（オ）作業内容や作業場所が安全で衛生的，健康的であり，作業量や作業の形態，実習時間及び期間などに適切な配慮がなされていること。

（カ）作業製品等の利用価値が高く，生産から消費への流れと社会的貢献などが理解されやすいものであること。[1]

＊アンダーライン部分が今回，新たに追記された部分です。

○作業学習の進め方

①作業班の編成

学年を越えた縦割りの編成が一般的です。作業種の特徴，生徒の様子や希望を考慮し，障害の重い生徒のみの班は避けるようにします。表1は，作業種と製品・生産物の一例です。

表1　作業種と製品・生産物の例

作業種	製品・生産物	作業種	製品・生産物
農耕	野菜・穀物等	縫製・染色	袋物・バッグ・エプロン等
園芸	花・観葉植物・椎茸・腐葉土等	窯業	花瓶・皿，湯飲み，食器等
木工	鉢カバー・テーブル・椅子等	印刷	名刺・葉書・学校要覧等
紙すき	カレンダー・葉書・封筒等	手工芸	レザー製品・籐製品等
織物	コースター・バック等	食品加工	焼き菓子・パン・漬物等
ローソク	キャンドル・各種ローソク	石鹸	洗濯石鹸・ハーブ石鹸等
セメント	平板・ブロック・建築資材等	リサイクル	空き缶・AV機器解体等
流通サービス・事務	ビルメンテナンス・製品管理・データー管理	喫茶サービス	飲み物・焼き菓子・ケーキ等製造・販売・接客等

②作業学習の年間計画

生徒が連続的・継続的に作業に取り組めるようにすることが必要です。中学部・高等部段階では，作業の時間数を多くし，午前中の帯状に設定するなどして，作業学習を学校生活の中心に位置づけます。目標のない作業，単なる製品・生産物作りとならないように作業学習の「単元化」を図ります。学校祭や販売会，納品活動，卒業などに向けてなど，時期ごとにテーマを設けて，年間計画を設定し展開します。テーマ実現のための諸活動として，チラシの作成，配布，ポスター作成，マスコミへの取材依頼などを日程計画に位置づけます。作業に励む傍らこのような活動に取り組むことで，生徒達の満足感・達成感が育まれます。

③作業製品・生産物の選定

売れる製品，本物にこだわり，作業班の主要製品となるようにします。「校内販売会」等で職員や保護者など身内を対象に販売するよりも，広く校外に販路・納品先を求めます。

④作業場の設定

作業工程順に，かつ一体感が持てるように作業台を配置すると良いでしょう。作業活動の導線を考慮し，作業台や作業場を一人一人に合わせる必要があります。ここでは，何よりも安全確保，衛生面を最優先しなくてはなりません。作業場，作業環境作りの配慮事項として，「換気・集塵」「採光・照明」「電源コードの配線」「機械・道具・補助具」等の配慮や日々の点検が必要です。

⑤作業学習での工具・道具・補助具の活用

安全確保を大前提にし，より速く，より多く，より正確にできるように道具や補助具を活用します。道具や補助具の工夫改善を積み上げる努力が必要です[2]。

4-10　キャリア教育

○キャリア教育の定義

　わが国における「キャリア教育」の定義は，2011年に中央教育審議会が答申した「今後のキャリア教育・職業教育の在り方について」[1]において下記のように示されました。

> 「一人一人の社会的・職業的自立に向け，必要な基盤となる能力や態度を育てることを通して，キャリア発達を促す教育」

　この定義には，「キャリア教育」において踏まえるべきポイントが3点示されています。

　1点目は，「社会的」という文言です。ここでいう自立とは，一般就労等の職業的自立のみを目指したものではなく，より広義の自立を目指したものであることを示しています。

　2点目は，「基盤となる能力や態度」という文言です。この定義で示される「能力や態度」とは，広義の自立のための基盤や土台となる能力や態度を意味するものです。これらは，幼児期の諸活動や初等教育段階から教育課程全体を通して取り組むべきものであることを示しています。

　3点目は，「キャリア発達を促す」という文言です。キャリア教育の理解においては，この箇所が最も重要であるといえます。

　ここでは，キャリア教育の定義を「能力や態度を育てる教育」とせずに，「能力や態度を育てることを通して」としていることに留意する必要があります。社会的・職業的自立のためにはコミュニケーション力や意思決定力など，様々な能力や態度が考えられますし，その育成が大事であるということは言うまでもありませんが，ここでは何らかのスキルの育成そのものを意味するのではなく，その育成を「通して」，児童生徒一人一人の「キャリア発達を促すことを重視しています。すなわち「キャリア教育」は「キャリア発達を促す教育」であり，言い換えると，教師の教え込みではない，本人が主体的に取り組み，自分なりにそのことを意味付けていくことができるよう，支援する教育のことを指しているのです。

○キャリア発達の定義

　同答申では「キャリア発達」について，「社会の中で役割を果たし，自分らしい生き方を実現していく過程」と示しています。この理解がキャリア教育の正しい理解及び推進において重要なカギとなります。

キャリア発達の定義には，「社会の中で自分の役割を果たす」と「自分らしい生き方を実現していく」という二つのフレーズが含まれています。

　少し極端に解釈すると「役割を果たす」という文言には「しなければならない」という義務的ニュアンスを感じるかもしれません。また，「自分らしい生き方」という文言には「自由で気ままな」的ニュアンスを感じるかもしれません。そのように暫定的に整理し，自分と他者や社会との関係で捉え直すと，どちらか一方だけでは適切と言えないかもしれません。キャリア発達とは，社会の中で「役割を果たすこと」を経験し，そのことを振り返ることによって，その意味や意義に気づき，社会の中で「役割を果たすこと」について自分なりに「意味付け」できるようになっていくことと読み取れます。なお，ここでいう「役割」とは，「職業的役割」だけではなく，図1の「ライフキャリアの虹」[2] が示す，「市民」や「家庭人」「余暇人」などの様々な役割があることに留意する必要があります。

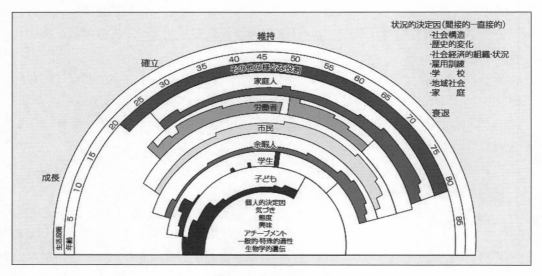

図1　ライフキャリアの虹

—ある男のライフ・キャリアー

「22歳で大学を卒業し，すぐに就職。26歳で結婚して，27歳で1児の父親となる。47歳の時に1年間社外研修。57歳で両親を失い，67歳で退職。78歳の時妻を失い81歳で生涯を終えた。」D.E. スーパーはこのようなライフ・キャリアを概念図化した。

出典：文部省『中学校・高等学校進路指導資料第1分冊』平成4年

　また，ここではキャリア発達の定義が「自分らしい生き方を実現していくこと」ではなく，その「過程」としていることに着目する必要があります。ある物事に対しての見方，例えば過去の「失敗」に対する捉え方は固定的とは言えません。その時はネガティブな「意味付け」だったとしても，その後，様々な経験を重ねていくことによって物事の見方や捉え方が変化し，失敗が「学ぶべき大切な何か」を示唆していたこと

に「気づく」ことがあり得ます。私たちはまさに生涯にわたって生きることを通して「キャリア発達」し，常にその「過程」にあると言えます。

　障害のある児童生徒のキャリア発達を支援する教育を進めるうえでは，本人にとっての「なぜ・なんのため」を大切にすることや，本人が「こうありたい」「ああなりたい」という「願い」を踏まえることが肝要と言えます。そのことは，たとえ障害により動くことが困難な場合や，音声言語で思いを表出することが困難な場合など，あらゆる状態に置かれていたとしても，その指導・支援に当たるうえで大事な視点であると考えます。

4-11 ICT 活用

○これまで，学校で使った ICT 機器はどのようなものですか？　どんな使い方をしましたか？

○ ICT とは

・Information and Communication Technology
　　情報　　　　　コミュニケーション　　　技術

○文部科学省が示している ICT 活用[1] とは？

　例えば，次のようなことがあげられます。

・学習指導の準備と評価のための教師による ICT 活用

　　→学習成績をパソコンのエクセルで管理

・授業での教師による ICT 活用

　　→体育の授業で，実技の様子を動画で提示

・児童生徒による ICT 活用

　　→パワーポイントを使って発表資料作り

○特別支援教育で，どのような ICT 活用ができるでしょうか？　例えば…

① 重度の重複障害で，夜間，外に出て花火を見ることができない子どもがいたら？

② 肢体不自由があって，うまく声を出せず意思表出をできない子どもがいたら？

③ 視覚障害があって，通常のサイズの教科書の文字を読むことが困難な子どもには？

④ 難病で入院していて通学することが難しい子どもがいたら？

⑤ 聴覚障害があって，会話を聞くことが難しい子どもがいたら？

⑥ 知的障害があって，細かいお金の計算が難しい子どもが買い物の練習をするなら？

⑦ 学習障害があって，黒板の文字を写すことが難しい子どもがいたら？

⑧ 大勢の人の前では話すことが難しい緘黙（かんもく）の子どもには？

　私たちにとっては「普通」にできることが当然で，できないことの想像がつかない状況にいる子どもたちが，たくさんいます。しかし，近視の人は，めがねやコンタクトレンズで視力を改善して「普通」に黒板を写していませんか？

○めがねやコンタクトレンズのような「ツール」として活用できるのが ICT 機器です。

　他の方法ではなし得ないサポートが可能になる魔法のような魅力があります。

その魔法の例には，以下のようなものがあります。

・実際体験に代わる，バーチャルな体験ができる

・周囲の刺激がカットされて，本質に集中しやすい

・視覚と聴覚どちらかの機能で代替できる

・指で触れるだけで，自分で操作できる（あるいは視線だけで）

・時間，空間を超えて，ネット上でのつながりが可能になる

○前ページで記した子どもたちに，この魔法のツールならできることがあります。

① 自分で画面に触れるだけで，花火を暗い夜空にあげることができる。もちろん爆発音も。

② 自分の飲みたいもの，遊びたいこと，行きたい場所など，画面のイラストや写真で選択してタッチすることで（視線を向けることで），伝えることができる。（音声でも同時に可）

③ 自分で画面を指でピンチアウトして拡大して読みやすいサイズに変えて読むことができる。

④ 病室と教室間で，ビデオ通話機能を使って，即時に会話ができ授業にも参加できる。

⑤ 相手の会話をその場で即，文字化するアプリを使って，会話を理解できる。

⑥ 買いたいものを画面から選びタッチすることで，買い物の計算を，札や硬貨の写真で示して理解できる。

⑦ 黒板をカメラで写真に撮り，その画面をノートの横におけば，ノートに書くことができる（写真1）。

⑧ 自分の話したいことを文字でタブレット端末に入力し，ロボットに送信すれば，ロボットが代わりに音声で話して伝えてくれる。

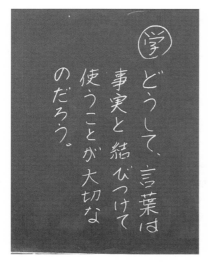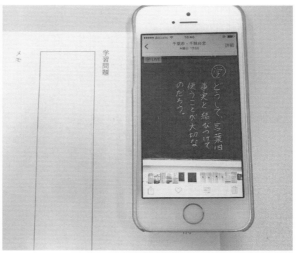

図1　黒板を写真に撮り，ノート等に記入できるようにする

○特別支援学校学習指導要領解説　自立活動編第6章

　自立活動の内容「6 コミュニケーション」では，次のように示されています[2]。
「(4) コミュニケーション手段の選択と活用に関すること。」は，話し言葉や各種の文字，記号，<u>機器等のコミュニケーション手段</u>を適切に選択・活用し，他者とのコミュニケーションが円滑にできるようにすることを意味している。』

　ここに示されているように，自立活動の取組においても，ICT の活用は大切です。

第5章

地域における特別な
ニーズ教育の充実

○インクルーシブ教育システムにおける交流及び共同学習の意義

中央教育審議会初等中等教育部会（2012）[1] が報告した「共生社会の形成に向けたインクルーシブ教育システム構築のための特別支援教育の推進」では，障害のある子どもが，障害のない子どもと同じ場で共に学ぶことを追求するとともに，個別の教育的ニーズのある幼児児童生徒に対して，自立と社会参加を見据えて，その時点で教育的ニーズに最も的確に応える指導を提供できる，多様で柔軟な仕組みを整備する必要性を示しています。

具体的には，特別支援学校，特別支援学級，通級による指導，通常の学級における特別支援教育などの連続した多様な学びの場それぞれにおいて，基礎的環境整備や合理的配慮の充実を図るとともに，早期からの就学相談体制や柔軟な就学や転学の仕組みを整え，関係諸機関との連携により「十分な教育」が受けられるようにすることが求められています。さらには共生社会の形成に向けて，交流及び共同学習をとおして，障害のある子どもが，地域社会の中で積極的に活動し，その一員として豊かに生きることができるようにしていくことや，障害のある児童生徒への理解を図っていくことが求められています。

○交流及び共同学習の歴史

交流及び共同学習の規定[2] は，昭和45（1970）年に教育課程審議会において，障害の理解と，活動を共にする機会を積極的に設けるようにする「交流教育」がはじまりとされています。もちろんそれ以前から学校現場においては様々な実践が展開されてきていると捉えられますが，この「交流教育」の規定により，各地の各学校において様々な実践が積み重ねられてきました。

そして平成16（2004）年，障害者基本法の一部改正[3] により，「国及び地方公共団体は，障害のある児童及び生徒と障害のない児童及び生徒との交流及び共同学習を積極的に進めることによって，その相互理解を促進しなければならない」ことを規定しました。このことを踏まえ，平成20（2008）年に特別支援学校学習指導要領[4] や小・中学校等[5][6][7] の学習指導要領に交流及び共同学習を推進することを明示しました。なお，平成29（2017）[8][9][10] 年に公示された新しい新学習指導要領では，以下のように明示しています。

> **特別支援学校学習指導要領**
> 「障害のない幼児児童生徒との交流及び共同学習の機会を設け，共に尊重し合いながら協働して生活していく態度を育むようにすること」

> **小・中学校学習指導要領，高等学校学習指導要領**
> 「障害のある幼児児童生徒との交流及び共同学習の機会を設け，共に尊重し合いながら協働して生活していく態度を育むようにすること」

○交流及び共同学習の意義

交流及び共同学習には「交流」を通して相互理解を図ることと，「共同学習」を通して共に学び合うことの2つの側面があり，双方を重視する必要があります。交流及び共同学習の意義として，障害がある児童生徒にとっては，社会性を養うことや好ましい人間関係を育むことが挙げられます。また，障害がない児童生徒にとっては，障害を理解することや自身の生活の姿勢や学習態度を顧みる機会になることが挙げられます。

○交流及び共同学習の種類

交流及び共同学習には，大まかには次の4つの種類が挙げられます。1点目は特別支援学級と通常の学級が交流する「学校内交流」です。2点目は特別支援学校と幼・小・中・高等学校等が交流する「学校間交流」です。3点目は障害がある児童生徒が居住地の学校と交流する「居住地校交流」です。4点目は障害がある児童生徒と地域の人々が交流する「地域交流」です。近年はとりわけ3点目の居住地校校流の推進が求められてきており，そのため独自の制度を導入している自治体も見られます（表1）。

表1　居住地校交流を推進するための制度

自治体・制度	制度の概要
東京都 「副籍制度」[11]	・都立特別支援学校の小・中学部に在籍する児童・生徒が，居住する地域の区市町村立小・中学校に副次的な籍（副籍）をもち，直接的な交流（小・中学校の学校行事や地域行事等における交流，小・中学校の学習活動への参加等）や間接的な交流（学校・学級だよりの交換，作品・手紙の交換，地域情報の提供等）を通じて，居住する地域とのつながりの維持・継続を図る制度。 ・都立特別支援学校の小・中学部に在籍する児童・生徒全員のうち希望する者を対象者とする。
埼玉県 「支援籍制度」[12]	・障害のある児童生徒が必要な学習活動を行うために，在籍する学校または学級以外に置く学籍。 ・例えば，特別支援学校に在籍する児童生徒が居住地の小中学校に「支援籍」を置くことにより，同じ学校のクラスメイトとして一定程度の学習活動を行うことができる。また，小中学校の通常の学級に在籍する障害のある児童生徒が，特別支援学級や特別支援学校に支援籍を置いて，障害の状態を改善するために必要な指導を受けるケースもある。

5−2　特別支援学校のセンター的機能

○特別支援学校のセンター的機能とは

　特別支援学校は，在籍する児童生徒の教育を行うだけでなく，地域における特別支援教育のセンター的役割として，地域の小・中学校等に在籍する障害のある児童生徒に適切な支援を提供することが求められています。

○特別支援学校のセンター的機能の法的位置付け

　平成 19（2007）年，学校教育法の一部改正[1]により，従前から取り組まれていた「特殊教育」は，養護学校（現在の特別支援学校）や特殊学級（現在の特別支援学級）等，特別な教育の場に在籍する児童生徒だけではなく，小・中学校等の通常の学級に在籍する LD（学習障害）や ADHD（注意欠陥多動性障害）[*1]，高機能自閉症やアスペルガー障害[*2]など，発達障害のある児童生徒を対象とした「特別支援教育」へと転換しました。

　このことを踏まえ，学校教育法第 74 条に「特別支援学校においては，第 72 条に規定する目的を実現するための教育を行うほか，幼稚園，小学校，中学校，義務教育学校，高等学校又は中等教育学校の要請に応じて，第 81 条第 1 項に規定する幼児，児童又は生徒の教育に関し必要な助言又は援助を行うよう努めるものとする。」と明示されました。なお，第 81 条第 1 項に規定する児童生徒とは，上述した発達障害のある児童生徒を意味しています。

　特別支援学校のセンター的機能については，平成 11（1999）年に公示された盲・聾・養護学校学習指導要領[2]において「地域の実態や家庭の要請等により，障害のある児童若しくは生徒又はその保護者に対して教育相談を行うなど，各学校の教師の専門性や施設・設備を生かした地域における特殊教育に関する相談のセンターとしての役割を果たすよう努めること」が規定されるなど，従前からその取組が進められてきました。具体的には，盲・聾・養護学校幼稚部などを中心に，教師の専門性や施設・整備を生かして，幼稚部に入学する前の乳幼児やその保護者に対する教育相談などの取組が進められてきました。

　「特殊教育」から「特別支援教育」への転換，そしてインクルーシブ教育システムの構築が進められている現在，特別支援学校のセンター的機能は，より一層の充実が求められていると言えるでしょう。

○特別支援学校のセンター的機能の内容

　特別支援学校のセンター的機能の主な内容としては，次の 6 点が考えられます。

①小・中学校等の教員への支援機能

　個々の児童生徒の指導に関する助言・相談，個別の指導計画及び個別の教育支援計画

の作成に当たっての支援など

②特別支援教育に関する相談・情報提供機能

　地域の小・中学校等に在籍する児童生徒等や保護者への教育相談，幼稚園等における障害のある幼児への教育相談など

③障害のある幼児児童生徒への指導・支援機能

　小・中学校の児童生徒を対象とする通級による指導やいわゆる巡回による指導，就学前の乳児や幼児に対する指導・支援など

④福祉，医療，労働などの関係機関等との連絡・調整機能

　個別の教育支援計画の策定の際の医療，福祉，労働などの関係機関等との連絡・調整など

⑤小・中学校等の教員に対する研修協力機能

　発達障害の特性や学習上又は生活上の困難に対する具体的指導方法に関する研修など

⑥障害のある幼児児童生徒への施設設備等の提供機能

　特別支援学校が有する障害のある児童生徒に対応した施設・設備や教材・教具など

〇センター的機能が有効に発揮されるための体制整備

①校内体制の整備

　「地域支援部」など，センター的機能のための分掌や組織を位置付け，校内の組織体制を明確にするほか，校長のリーダーシップの下，特別支援教育コーディネーターを中心にそれぞれが役割分担し，効果的かつ効率的に取組を進めていく必要があります。

②関係機関等との連携

　福祉，医療，労働，行政等の関係機関や特別支援学校間で適切に連携を図ることが求められます。教育的支援という観点から考えると，特別支援学校が支援地域の中核となって地域ごとにネットワークを構築することが大切です。

③地域ニーズの把握

　幼稚園，保育所，こども園，小学校，中学校，高等学校等が求めるニーズを適切に把握することが大切です。ニーズを明確にしておくことで，支援の内容や方法が明らかになります。

④専門性の向上

　担当教員に求められる専門性としては，早期からの教育相談を含む多様な相談に対応できる能力，様々な障害の理解と指導・支援技術，福祉や雇用等の制度の理解が挙げられます。

　また，小・中学校等に対する支援のために，発達障害の特性の説明や実態把握の方法，合理的配慮の内容，個別の教育支援計画の作成と活用にかかる助言などが求められます。

＊DSM-Ⅴ（アメリカ精神心医学会による「精神障害の診断と統計マニュアル」）では，＊1）は注意欠如多動症，＊2）は自閉スペクトラム症と名称を変えています。

5-3 特別支援教育コーディネーター

○コーディネートとは？

コーディネートということばはどんな意味でしょうか？ 皆さんは、どんな時に「コーディネート」ということばを使いますか？

○特別支援教育におけるコーディネートとは？

これまで学校教育で使用されたことがない「コーディネート」ということばが、特別支援教育の時代になってから使われるようになりました。どんな意図で、このことばが使われるようになったのか考えてみましょう。

○特別支援教育コーディネーターの役割

文部科学省：発達障害を含む幼児児童生徒に対する教育支援体制整備ガイドライン[1]では、以下のように記されています。

- 各学校における特別支援教育の推進のため
- 校内委員会・校内研修の企画・運営
- 関係機関・学校との連絡・調整
- 保護者の相談窓口等の役割を担う

○学校内の関係者や関係機関との連絡調整

具体的な役割については，ガイドラインで以下のように述べられています。

- 特別支援教育コーディネーターは，
- 学校内の関係者や
- 教育，医療，保健，福祉，労働等の関係機関との連絡調整，
- 保護者との関係づくりを推進します。

①学校内の関係者との連絡調整

・学校内関係者とはどのような人のことをいうのでしょうか。考えてみましょう。

②ケース会議の開催

・ひとりひとりの子どものニーズを的確に把握し、必要な支援を組み立てる会議です。

③個別の教育支援計画及び個別の指導計画の作成

・個別の教育支援計画・指導計画とは？

④外部の関係機関との連絡調整

・外部機関とはどのようなものがあり、なぜ連絡調整が必要なのか考えてみましょう。

⑤保護者に対する相談窓口

○各学級担任への支援

- 特別支援教育コーディネーターは，
- 各学級担任からの相談に応じ，助言又は援助等の支援を行います。

①各学級担任からの相談状況の整理

②各学級担任とともに行う児童等理解と学校内での教育支援体制の検討

③進級時の相談・協力

○巡回相談員や専門家チームとの連携

- 特別支援教育コーディネーターは，
- 巡回相談員及び専門家チームとの連携を図ります。
- 連携に基づいて，個別の教育支援計画等や支援内容の改善につなげていきます。

①巡回相談員との連携

②専門家チームとの連携

○学校内の児童の実態把握と情報収集の推進

- 特別支援教育コーディネーターは，
- 学校内の児童等の実態を把握するための校内支援体制構築や，研修の実施を推進します。

○特別支援教育コーディネーターの動きや，校内・校外の人や機関との連携等について

具体的な事例を通して考えてみましょう。

> あなたのクラスに行動上の困難さがあり，授業中離席して教室から出ていくＡ君がいたとしたら，どうしますか？

①**特別支援教育コーディネーターに相談する。**

- ・コーディネーターは，担任から，いつから，どのような状況・場面でこのような行動がみられるようになったかを聞き，状況を整理し，学級の様子を見にいく。（授業時間，休み時間，掃除の時間など）
- ・コーディネーターは，これまでの学校での状況，学級内の友人関係，家庭の状況，一日の生活の状況などを担任と確認し詳しい状況把握に努め，学級だけでない支援体制について検討する。

②**コーディネーターは，学校内関係者と連絡調整する。**

- ・学年の他のクラスの教師，専科の教師，養護教諭，事務室の職員，管理職など，担任の授業外の様子や，教室から離れている時の様子などについて情報を収集する。

③ケース（事例）会議を開催して具体的な支援について検討する。その際，学校外の教育センターの特別支援の巡回相談員に来校を依頼し，A君の様子を見てもらった後，校内のケース会議にも参加を求める。

・これまでの収集した情報に基づき，ケース会議の資料を作成し，今後の支援について協議し，誰が，どのように支援するかを決める。

・保護者にも必要に応じて学校での支援について伝え，家庭との連携を図る。

④会議で決めた計画（Plan）に基づき，支援を実施（Do）し，コーディネーターは，A君の様子を時々見に行き，定期的に関係者とplanについて評価（Check）し（PDCAサイクル），必要によって，医療機関などの外部機関と連携を図る。

ケース会議の際に，収集した情報を以下のようなシートにまとめて活用する。（千葉県教育委員会ホームページより引用）[2]

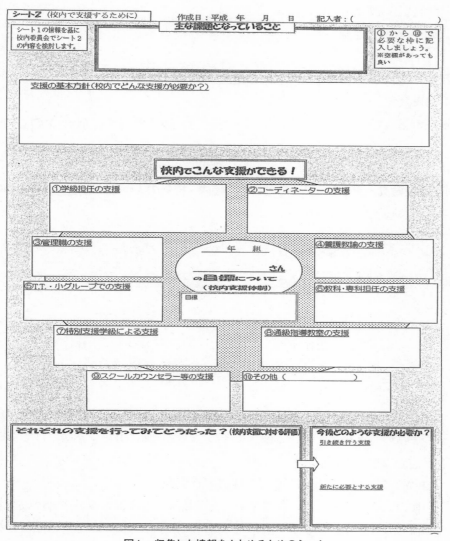

図1　収集した情報をまとめるためのシート

5-4　保護者との連携・協力

○特別な教育的ニーズのある子どもの保護者との連携・協力

　特別な教育的ニーズのある子どもの指導・支援においては，保護者との連携・協力は非常に重要となります[1]。保護者に，指導・支援の方針をよく理解していただき，良好な協力関係をつくっていくことはとても大切です。

○合理的配慮と合意形成

　文部科学省が示している「共生社会の形成に向けたインクルーシブ教育システム構築のための特別支援教育の推進（報告）」（平成24年7月）において，「合理的配慮」の提供に当たっては，「合理的配慮」について，本人・保護者との合意形成を図った上で決定し，提供されることが望ましいとしています[2]。　合意形成を図るためには，本人・保護者と十分にコミュニケーションをとることが必要であり，良好な協力関係をつくっていくために，必要に応じて保護者との面談を行うことも大切です。

○保護者面談における留意点

　保護者面談に当たっては，次のようなことに留意する必要があります。

相手の立場に立って誠意をもって話を聞くこと：相手の話に対して誠意をもって聞こうという姿勢がまず大切です。そして，わかりにくい専門用語を使わないようにして，保護者にわかりやすく説明するよう心がける必要があります。

どのようなニーズがあるかを考えながら聞くこと：保護者の話を聞く際には，どのようなニーズがあるのかを考えながら聞くことが大切です。保護者がほんとうに伝えたいことはどのようなことなのかを，面談においては十分に考えることが大切です。

子どものプラスになることについて話し合うこと：子どものこれからの指導・支援にプラスになることについて，お互いの意見を出し合い，共通点を見いだしていくという観点が大切となります。そして，保護者のこれまでの経験から情報を提供していただくことも重要です。子どもがこれまでどのようなことに関心を示してきたか，どのような活動を好んでいたかなどの情報から，これからの指導・支援に役立つヒントが得られることもあります。

丁寧な説明とコミュニケーションができる関係作り：合意形成に当たっては，本人及び保護者に対して丁寧に説明を行うことが重要です。そして，双方向的なコミュニケーションが十分にとれる関係を作っていくことが大切となります。

5-5 保護者支援・きょうだい支援

○保護者支援と専門機関との連携

　特別な教育的ニーズのある子どもの保護者への支援が必要な場合があります。例えば，子どもの特別な教育的ニーズを認識できなかったり，子どもの障害が受け入れられなかったり，家族からの理解が得られなかったり，子どもへの接し方に迷っていたりといった，様々な悩みを抱えている場合があります。場合によっては，心理的に不安定になったり，気分が落ち込んでしまったりということが生じる場合があります。

　様々な専門機関や相談機関等を紹介した方が良い場合には，適切な機関を紹介することが必要になる場合があります[1]。そのため，保護者の抱えている悩みやニーズに応じて，どのような対応できる専門機関があるかについて，普段から情報を整理しておき，必要に応じて情報提供を行うことができるようにしておく必要があります。

○きょうだい支援

　特別な教育的ニーズのある子どものきょうだいについても支援が必要となる場合があります。中田は，このようなきょうだいの発達に関わる問題について，①親の関心の偏り，②家事の負担と不満，③きょうだいへの負の感情の抑圧，④きょうだいの性別と出生順位，⑤障害があるきょうだいの代償，といったことをあげています[2]。

　例えば，特別な教育的ニーズのあるきょうだいの方に保護者がかかりきりになっていて自分は我慢しなくてはいけないと思っていたり，自分は親の期待に応えなくてはというプレッシャーを感じていたり，将来はきょうだいの世話をどうすればよいのか，自分は結婚できるだろうかなど将来のことが不安になったりということがある場合があります。

　特別な教育的ニーズのある子どものきょうだいについても，支援が必要になる場合があるかもしれないということを認識しておくことは大切です。

○ピアサポートの活用

　様々な専門機関による支援も大切ですが，保護者同士，あるいはきょうだい同士といった，同じような立場の人たち同士による支援が有効な場合があります。自分と同じような立場で同じような悩みを抱えた人がいることを知ったり，お互いに悩みを話し合ったりすることで，保護者やきょうだいの心理的な支えになる場合があります。各地で，そのような保護者団体やきょうだいの団体等がありますので，それらのネットワークを活用することも大切です。

5−6 外国にルーツのある子どもの理解と支援

○外国にルーツのある子どもとは

本テキストでは，外国にルーツのある子どもを「両親のうち両方またはいずれかが外国出身の子ども」と定義します。

外国にルーツのある子どもすべてに，特別な教育支援の必要があるわけではありません。外国にルーツのある子どものうち，日本語指導等の教育支援が必要な子どもは3～4割と言われています。

○文部科学省のデータから見る外国にルーツのある子ども

文部科学省は，2年に1度，「日本語指導が必要な児童生徒の受入状況等に関する調査」[1] を実施しています。

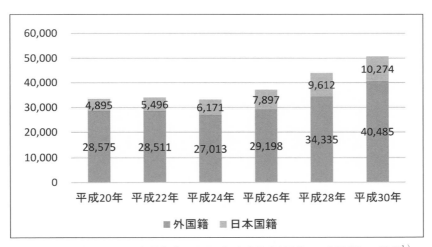

図1　公立学校における日本語指導が必要な児童生徒（外国籍・日本国籍）の推移[1]

（出典：文部科学省，2019）

図1から，公立学校における日本語指導が必要な児童生徒数が，平成24年以降一貫して増加していることがわかります。また，日本語指導が必要な日本国籍の児童生徒も増加しています。これはどういうことでしょうか？　それは，父母の国際結婚に伴って来日し，生活をする子どもたちが増えているのです。そのような場合，日本国籍であっても，児童生徒に日本語指導が必要な場合があるのです。

本テキストでは，外国にルーツのある子どもの定義に国籍を使用しませんでした。それは，国籍では，教育支援の必要な子どもかどうかは，わからないからなのです。

○園・学校と家庭における言語・文化の違いから生じる「ずれ」

　外国にルーツのある子どもたちは，園や学校において，どんな時に困難を感じるでしょうか。それを感じ取ることができるようになるためには，外国にルーツのある子どもたちの生活背景を知る必要があります。

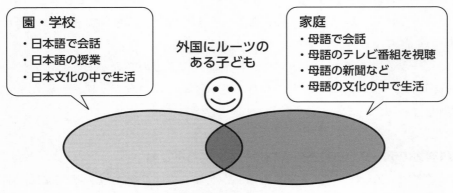

図2　園・学校と家庭での言語・文化の違い

　図2のように，外国にルーツのある子どもは，園，学校では，日本語で会話し，日本語で授業を受け，日本文化の中で生活しています。一方，家庭では，母語で会話し，母文化の中で生活している場合が多く見られます。つまり，外国にルーツのある子どもは，複数の言語，文化の中で生活していることが多いのです。そこから，「こんなことは当たり前」「日本語が話せるのだから，こんなことは知っているはず」ということに，「ずれ」が生じます。

　外国にルーツのある子どもたちにとって，その「ずれ」が生じることが困難なのではなく，その「ずれ」をうまく説明できないこと，「ずれ」があることをわかってもらえない時に大きなストレスや困難を感じます。外国にルーツのある子どもと関わるときには，言語・文化の違いによって「当たり前」や「常識」に「ずれ」が生じる可能性があることを常に頭に入れておく必要があります。

○家庭では保護者の話しやすい言葉（母語）でたくさん話すことが日本語習得につながる

　外国にルーツのある子どもの園や学校での支援を考える時に，日本語習得が気になることでしょう。園での遊びや活動，学校での学習に参加するためにも，日本語習得は重要です。しかし，早く日本語を習得して欲しいからといって，保護者に「家庭でも日本語で話してください」と言わないでほしいと思います。なぜなら，母語と日本語能力の関係についての研究から，母語の談話レベルの理解力を伸ばすことは，日本語の教科学習言語能力の獲得に貢献する可能性が指摘されているからです[2]。家庭では，保護者の話しやすい言葉（母語）でたくさん会話をすることが，日本語力を伸ば

すことにつながります。保護者にもそのように声掛けをして，子どもとの「やりとりのある会話」を推奨してほしいと思います。

○日本語習得は安心して過ごせる環境の中で

　外国にルーツのある子どもの日本語習得に大事なことは何でしょうか。まずは，園や学校という「場」と保育者や先生という「人」に安心できることです。安心して過ごせる環境の中ではじめて，子どもたちは周囲を見回す余裕が生まれます。そこから，周囲の人との交流が生まれ，友達ができます。そして，友達と交流する中で日本語を習得していくのです。外国にルーツのある子どもの日本語習得を考える時には，まず，自分がその子にとって安心できる相手となっているかどうか，その子が安心して過ごせているかどうかに注意を払いましょう。そして，どうしたら交流を促す活動ができるか，保育や学習の中でどのように日本語力を伸ばすことができるのかを考えていきます。

　日本語習得は，行きつ戻りつしながら進みます。ですから，長い目で見守ってほしいと思います。そして，子どもたちの思考力や発想力にも目を向け，外国にルーツのある子どもの長所を伸ばす支援を考えていくことも重要だと考えます。

引用文献・参考文献

1．特別なニーズ教育の基礎
1−1　特別なニーズ教育とは
1）Education Act 1996
2）文部科学省．今後の特別支援教育の在り方について（最終報告）．2003
3）デジタル大辞泉．小学館

1−2　特別なニーズ教育に関する国際的な動向
1）サラマンカ声明．1994（https://www.nise.go.jp/blog/2000/05/b1_h060600_01.html）
2）UNESCO．ISCED．1997（http://uis.unesco.org/sites/default/files/documents/international-standard-classification-of-education-1997-en_0.pdf）
3）OECD．Special Needs Education: Statistics and Indicators．2000

1−3　特別な教育的ニーズと ICF（国際生活機能分類）
1）厚生労働省．国際生活機能分類−国際障害分類改訂版−（日本語訳）
（https://www.mhlw.go.jp/houdou/2002/08/h0805-1.html）

1−4　特別なニーズ教育とインクルーシブ教育システム
1）国連．障害者の権利に関する条約．2006（https://www.mofa.go.jp/mofaj/gaiko/jinken/index_shogaisha.html）
2）文部科学省．共生社会の形成に向けたインクルーシブ教育システム構築のための特別支援教育の推進（報告）．2003

1−5　障害のある子どもの支援に関係する重要な法律
1）障害者基本法
2）障害を理由とする差別の解消の推進に関する法律
3）身体障害者福祉法
4）知的障害者福祉法
5）精神保健及び精神障害者福祉に関する法律

2．どのような特別な教育的ニーズがあるのか
2−1　視覚障害のある子どもの特別な教育的ニーズ
1）文部科学省．教育支援資料　第3編障害の状態等に応じた教育的対応　Ⅰ視覚障害（https://www.mext.go.jp/component/a_menu/education/micro_detail/__icsFiles/afieldfile/2014/06/13/1340247_06.pdf）
2）学校教育法施行令
3）文部科学省．特別支援学校学習指導要領解説　各教科編（小学部・中学部）．2018
4）文部科学省．特別支援学校教育要領・学習指導要領解説　自立活動編（幼稚部・小学部・中学部）．2018

2−2　聴覚障害のある子どもの特別な教育的ニーズ
1）文部科学省．教育支援資料　第3編障害の状態等に応じた教育的対応　Ⅱ　聴覚障害（https://www.mext.go.jp/component/a_menu/education/micro_detail/__icsFiles/afieldfile/2014/06/13/1340247_07.pdf）
2）「障害のある児童生徒等に対する早期からの一貫した支援について（通知）」平成25年10月4日付け25文科初第756号
3）国立特別支援教育総合研究所　「聴覚障害教育Q＆A 50」
4）千葉県聴覚障害教育ネットワーク推進連絡協議会（うさぎネット）「きこえにくい子のサポートブック　きこえのQ＆A」

2−3　言語障害のある子どもの特別な教育的ニーズ
1）文部科学省．教育支援資料　第3編障害の状態等に応じた教育的対応　Ⅵ　言語障害（https://www.mext.go.jp/component/a_menu/education/micro_detail/__icsFiles/afieldfile/2014/06/13/1340247_12.pdf）
2）「障害のある児童生徒等に対する早期からの一貫した支援について（通知）」平成25年10月4日付け25文科初第756号
3）加藤正子・竹下圭子・大伴潔．特別支援教育における構音障害のある子どもの理解と指導．学苑社．2012
4）廣嶋忍・堀彰人．子どもがどもっていると感じたら　吃音の正しい理解と家族支援のために．大月書店．2004
5）菊池良和．エビデンスに基づいた吃音支援入門．学苑社．2012
6）ICFに基づいたアセスメントプログラム　学齢期吃音の指導・支援改訂第2版　学苑社．2014

2−4　知的障害のある子どもの特別な教育的ニーズ
1）学校教育法施行令
2）文部科学省．特別支援学校学習指導要領解説　各教科等編（小学部・中学部）．2018

2−5　肢体不自由のある子どもの特別な教育的ニーズ
1）文部科学省．教育支援資料　第3編障害の状態等に応じた教育的対応　Ⅳ　肢体不自由（https://www.mext.go.jp/component/a_menu/education/micro_detail/__icsFiles/afieldfile/2014/06/13/1340247_09.pdf）

2）学校教育法

3）原口芳明. 第1章 肢体不自由児の概念. 扇地勝人・池田勝昭編著. 肢体不自由児の心理と指導. 福村出版. 1981：9-24

4）厚生労働省. 平成18年度身体障害児・者実態調査結果. 2009

5）渡邉 章. 5章 運動障害・肢体不自由者の心理. 田中農夫男・木村進編著. ライフサイクルからよむ障害者の心理と支援. 福村出版. 2009：79-89

6）文部科学省. 特別支援学校学習指導要領解説 各教科編（小学部・中学部）. 2018

7）文部科学省. 特別支援学校教育要領・学習指導要領解説 自立活動編（幼稚部・小学部・中学部）. 2018

2−6 病弱の子どもの特別な教育的ニーズ

1）文部科学省. 教育支援資料 第3編障害の状態等に応じた教育的対応 Ⅴ病弱・身体虚弱（https://www.mext.go.jp/component/a_menu/education/micro_detail/__icsFiles/afieldfile/2014/06/13/1340247_10.pdf）

2）学校教育法

3）文部科学省. 特別支援学校学習指導要領解説 各教科編（小学部・中学部）. 2018

4）文部科学省. 特別支援学校教育要領・学習指導要領解説 自立活動編（幼稚部・小学部・中学部）. 2018

2−7 自閉症スペクトラムの子どもの特別な教育的ニーズ

1）文部科学省.「教育支援資料」第3編障害の状態等に応じた教育的対応 Ⅷ 自閉症（https://www.mext.go.jp/component/a_menu/education/micro_detail/__icsFiles/afieldfile/2014/06/13/1340247_13.pdf）

2−8 学習障害の子どもの特別な教育的ニーズ

1）品川裕香. 怠けてなんかない！ディスレクシア-読む・書く・記憶するのが困難なLDの子どもたち. 岩崎書店. 2003

2）文部科学省. 学習障害及びこれに類似する学習上の困難を有する児童生徒の指導法に関する調査研究協力会議. 学習障害児に対する指導について（報告）. 1999

3）文部科学省. 特別支援学校教育要領・学習指導要領解説 自立活動編（幼稚部・小学部・中学部）. 2018

2−9 ADHDの子どもの特別な教育的ニーズ

1）椎野道流. 最後の晩ごはん 閉ざした瞳とクリームソーダ. 角川文庫. 2019

2）文部科学省. 特別支援教育の在り方に関する調査研究協力者会議. 今後の特別支援教育の在り方について（最終報告）. 2003

3）文部科学省「教育支援資料」平成2年10月

4）文部科学省. 特別支援学校教育要領・学習指導要領解説 自立活動編（幼稚部・小学部・中学部）. 2018

2−10 その他の特別な教育的ニーズ

1）学校教育法施行規則

3. 特別なニーズのある子どもへの支援の仕組み

3−1 特別な教育的ニーズのある子どもの就学先決定の仕組み

1）学校教育法施行令

2）学校保健安全法

3−2 特別な教育的ニーズのある子どもの相談支援体制

1）学校教育法施行令

3−3 特別な教育的ニーズのある子どもの教育課程

1）文部科学省. 特別支援学校教育要領・学習指導要領解説 総則編（幼稚部・小学部・中学部）. 2018

2）学校教育法施行規則

3−4 個別の教育支援計画

1）文部科学省. 特別支援学校教育要領・学習指導要領解説 総則編（幼稚部・小学部・中学部）. 2018

3−5 個別の指導計画

1）文部科学省. 特別支援学校教育要領・学習指導要領解説 総則編（幼稚部・小学部・中学部）. 2018

4. 特別な教育的ニーズのある子どもへの支援内容・方法

4−1 乳幼児期における支援

1）秋田喜代美. . 知をそだてる保育. ひかりのくに. . 2000

4−2 通常学級における支援

1）文部科学省. 通常の学級に在籍する発達障害の可能性のある特別な教育的支援を必要とする児童生徒に関する調査結果について. 2012

2）佐藤愼二：逆転の発想で 魔法のほめ方・叱り方. 東洋館出版社. 2017

3）佐藤愼二：実践 通常学級ユニバーサルデザインⅠ－学級づくりのポイントと問題行動への対応－．東洋館出版社．2014

4－3　授業のユニバーサルデザイン
1）佐藤愼二：今日からできる！通常学級ユニバーサルデザイン－授業づくりのポイントと実践的展開　－（植草学園ブックス 特別支援シリーズ2）．ジアース教育新社．2015
2）佐藤愼二：実践 通常学級ユニバーサルデザインⅡ－授業づくりのポイントと保護者との連携－．東洋館出版社．2015

4－4　通級による指導
1）学校教育法施行規則
2）文部科学省．改訂第3版　障害に応じた通級による指導の手引　解説とQ＆A．海文堂．2018
3）千葉県特別支援教育研究連盟言語障害教育研究部会．千葉県の言語障害教育60年誌．2019
4）文部科学省．小学校学校学習指導要領．2018.
5）文部科学省．中学校学校学習指導要領．2018.
6）文部科学省．高等学校学校学習指導要領．2019.
7）文部科学省．令和元年度通級による指導実施状況調査結果について．文部科学省HP.（令和2年9月3日閲覧）

4－5　特別支援学級における支援
1）文部科学省．小学校学習指導要領総則編．2018
2）魔法のプロジェクト成果報告．2018（https://maho-prj.org/）

4－6　特別支援学校における支援
1）文部科学省「日本の特別支援教育の状況について」．2019
2）文部科学省「教育支援資料」．2013

4－7　教科指導
1）　文部科学省．特別支援学校幼稚部教育要領、小学部・中学部学習指導要領．2017
2）　文部科学省．特別支援学校学習指導要領解説　総則編（幼稚部・小学部・中学部）．2018
3）　文部科学省．特別支援学校学習指導要領解説　各教科等編（小学部・中学部）．2018
4）　文部科学省．特別支援学校教育要領・学習指導要領解説　自立活動編（幼稚部・小学部・中学部）．2018
5）　文部科学省．特別支援学校高等部学習指導要領．2019
6）　文部科学省．特別支援学校高等部学習指導要領解説（1）（2）．2019　※白表紙
7）　文部科学省．小学校学習指導要領．2017
8）　学校教育法
9）　学校教育法施行規則

4－8　特別な教育的ニーズと自立活動
1）文部科学省．特別支援学校教育要領・学習指導要領解説　自立活動編（幼稚部・小学部・中学部）．2018

4－9　各教科等を合わせた指導
4－9－1　日常生活の指導
1）文部科学省．特別支援学校学習指導要領解説　各教科等編（小学部・中学部）．2018

4－9－2　遊びの指導
1）文部科学省．特別支援学校学習指導要領解説　各教科等編（小学部・中学部）．2018

4－9－3　生活単元学習
1）文部科学省．特別支援学校学習指導要領解説　各教科等編（小学部・中学部）．2018

4－9－4　作業学習
1）文部科学省．特別支援学校学習指導要領解説　各教科等編（小学部・中学 部）．2018
2）各教科等を合わせた指導ガイドブック
　作業学習・生活単元学習の進め方Q＆A．K＆H．2018

4－10　キャリア教育
1）　中央教育審議会．今後のキャリア教育・職業教育の在り方について（答申）．2011
2）　文部省．中学校・高等学校進路指導資料第1分冊．1992
3）　菊地一文．気になる子どものキャリア発達支援．学事出版．2016

4－11　ICT活用
1）文部科学省．教育の情報化に関する手引き．2010
2）文部科学省．特別支援学校教育要領・学習指導要領解説　自立活動編（幼稚部・小学部・中学部）．2018

5．地域における特別なニーズ教育の充実

5－1　交流及び共同学習

1）　中央教育審議会初等中等教育部会．共生社会の形成に向けたインクルーシブ教育システム構築のための特別支援教育の推進（報告）．2012
2）　文部科学省．交流及び共同学習ガイド．2019
（https://www.mext.go.jp/a_menu/shotou/tokubetu/010/001.htm）
3）　障害者基本法
4）　文部科学省．特別支援学校幼稚部教育要領、小学部・中学部・高等部学習指導要領．2009
5）　文部科学省．小学校学習指導要領．2008
6）　文部科学省．中学校学習指導要領．2008
7）　文部科学省．高等学校学習指導要領．2009
8）　文部科学省．特別支援学校幼稚部教育要領、小学部・中学部学習指導要領．2017
9）　文部科学省．小学校学習指導要領．2017
10）　文部科学省．中学校学習指導要領．2017
11）　東京都教育委員会．副籍制度．2017（https://www.kyoiku.metro.tokyo.lg.jp/school/document/special_needs_education/associate_membership.html）
12）　埼玉県教育委員会．支援籍学習．2018（https://www.pref.saitama.lg.jp/f2212/gakko/tokubetsushien/shienseki/index.html）

5－2　地域のセンター的機能

1）　学校教育法
2）　文部省．盲・聾・養護学校学習指導要領．1999
3）　国立特別支援教育総合研究所．特別支援教育の基礎・基本．ジアース教育新社．2015
4）　柘植雅義・田中裕一・石橋由紀子・宮﨑英憲編著．特別支援学校のセンター的機能．ジアース教育新社．2012

5－3　特別支援教育コーディネーター

1）文部科学省．発達障害を含む障害のある幼児児童生徒に対する教育支援体制整備ガイドライン．2017
2）千葉県教育委員会．個別の支援計画作成のためのシート．2007
（https://www.pref.chiba.lg.jp/kyouiku/shien/kobetunokyouikusienkeikaku.html）

5－4　保護者との連携・協力

1）島治伸・上岡義典．特別支援教育時代の保護者サポート－対話を通した保護者との関係づくり－．ジアース教育新社．2009
2）文部科学省．共生社会の形成に向けたインクルーシブ教育システム構築のための特別支援教育の推進（報告）．2013

5－5　保護者支援・きょうだい支援

1）島治伸・上岡義典．特別支援教育時代の保護者サポート－対話を通した保護者との関係づくり－．ジアース教育新社．2009
2）中田洋二郎．発達障害のある子と家族の支援．学研．2018

5－6　外国にルーツのある子どもの理解と支援

1）文部科学省．「日本語指導が必要な児童生徒の受入状況等に関する調査（平成30年度）」の結果について（報道発表）．2019（https://www.mext.go.jp/content/1421569_001.pdf）
2）櫻井千穂．日本在住の言語マイノリティの子どもの二言語能力の関係－物語文の聴解・再生課題の分析を通して－．異文化間教育学会第34回大会発表資料．2013（http://www.intercultural.jp/about/excellent/2013_data_sakurai.pdf）

執筆者一覧

相磯友子　　　植草学園短期大学　こども未来学科　（5-6）

加藤悦子　　　植草学園大学　発達教育学部　（2-8, 2-9, 4-5, 4-11, 5-3）

菊地一文　　　弘前大学大学院　教育学研究科（前植草学園大学　発達教育学部）
　　　　　　　（4-7, 4-10, 5-1, 5-2）

佐藤愼二　　　植草学園短期大学　こども未来学科　（4-2, 4-3）

田所明房　　　植草学園大学　発達教育学部　（4-6, 4-9-4）

名古屋恒彦　　植草学園大学　発達教育学部　（2-4, 2-7, 3-1, 3-2, 3-3,
　　　　　　　3-4, 3-5, 4-9-1, 4-9-2, 4-9-3）

広瀬由紀　　　植草学園大学　発達教育学部　（4-1）

堀　彰人　　　植草学園短期大学　こども未来学科　（2-2, 2-3, 4-4）

渡邉　章　　　植草学園大学　発達教育学部　（1-1, 1-2, 1-3, 1-4, 1-5,
　　　　　　　2-1, 2-5, 2-6, 2-10, 4-8, 5-4, 5-5）

（　　）内は執筆担当箇所，五十音順

特別なニーズ教育の基礎と方法

2021 年　2 月 18 日　第 1 版第 1 刷発行
2022 年 12 月　1 日　第 1 版第 2 刷発行

編　著　　植草学園大学・短期大学
　　　　　特別なニーズ教育研究グループ
発行人　　加藤　勝博
発行所　　株式会社 ジアース教育新社
　　　　　〒 101-0054　東京都千代田区神田錦町 1-23　宗保第 2 ビル
　　　　　TEL：03-5282-7183　FAX：03-5282-7892
　　　　　URL：https://www.kyoikushinsha.co.jp/

表紙デザイン・DTP　　土屋図形 株式会社
印刷・製本　　株式会社 日本制作センター
Printed in Japan
ISBN 978-4-86371-570-7